T0038361

SOMBRAS SUTILES *de* BAMBÚ

SOMBRAS

SUTILES

de

BAMBÚ

ANNA LLAURADÓ

Argentina – Chile – Colombia – España
Estados Unidos – México – Perú – Uruguay

1.ª edición: enero 2024

Reservados todos los derechos. Queda rigurosamente prohibi-
da, sin la autorización escrita de los titulares del *copyright*, bajo
las sanciones establecidas en las leyes, la reproducción parcial o
total de esta obra por cualquier medio o procedimiento, incluidos la reprografía y el tratamiento informático, así como la dis-
tribución de ejemplares mediante alquiler o préstamo públicos.

© 2024 *by* Anna Llauradó
Con la colaboración de Aitana, Ainara, Sixtine, Carlota, Ona, Patri, Laia, Lucía, Alba,
Claudia, Neus, Clara y Rocío, participantes del taller de escritura.
© del prólogo 2024 *by* Lidia Blánquez
© del epílogo 2024 *by* Reyes Respall
All Rights Reserved
© 2024 *by* Urano World Spain, S.A.U.
Plaza de los Reyes Magos, 8, piso 1.º C y D – 28007 Madrid
www.reinventarelmundo.com

ISBN: 978-84-92917-20-4
E-ISBN: 978-84-19699-67-1
Depósito legal: M-31.040-2023

Fotocomposición: Ediciones Urano, S.A.U.
Impreso por: Rodesa, S.A. – Polígono Industrial San Miguel
Parcelas E7-E8 – 31132 Villatuerta (Navarra)

Impreso en España – *Printed in Spain*

Agradecimientos

A Aitana, Ainara, Sixtine, Carlota, Ona, Patri, Laia, Lucía, Alba, Claudia, Neus, Clara y Rocío. GRACIAS. No hay palabras (y eso que usamos muchas durante el curso) que puedan expresar mi gratitud por vuestra confianza y entrega a lo largo de esas tardes mágicas de creatividad en las que compartimos confidencias, lágrimas y risas, experiencias de todo tipo e incluso meditaciones singulares como la pussy meditation *con la que tanto nos reímos... Y GRACIAS por haber permitido que vuestros testimonios hayan salido de las sombras para ver la luz.*

«A veces el peso que quieres perder no está en tu cuerpo».

YEHUDA BERG

«El cuerpo es el cáliz del alma y si el alma está errante, podemos intentar llenar su lugar con adicciones».

MARION WOODMAN

«Por desgracia, por mucho que intentemos enterrar nuestro dolor en lo más profundo, siempre encuentra la manera de emerger a la superficie. ¿Cómo? A través de las adicciones. De ansiedad. De trastornos alimentarios. De insomnio...».

DEMI MOORE

Prólogo

Cuando Anna Llauradó me ofreció escribir este prólogo sentí como si me hubiera caído un regalo del cielo, y estoy segura de que también lo será para ti.

Todo el mundo debería leer *Sombras sutiles de bambú*: padres, terapeutas, educadores, jóvenes y adolescentes, hombres, mujeres...

Y es que, si alguien hubiera creado un libro a mi medida, este sería mi libro.

Al empezar a leerlo, me fascinó desde el primer momento y, a medida que lo iba leyendo, la experiencia era cada vez más fascinante porque me iba conectando con las ya miles de personas que habré visitado a lo largo de mi carrera y que, al igual que el lector, se reconocerán en algún aspecto de esta obra, porque todos, de un modo o de otro, tenemos miedos, inseguridades y luchas mentales.

Adentrarme en la lectura fue descubrir que soy Anna Llauradó y todas las jóvenes que protagonizan esta historia.

Porque tod@s somos un@ librando batallas mentales.

Darte por aludida en el libro es fácil pues cada uno tiene «sus manías», algunas tachadas actualmente como TOC, que condicionan nuestras vidas como las de estas mujeres cuyas mentes las trastornan y cuya punta del iceberg, en su caso, son los trastornos alimentarios, pero en cuyo fondo hay un abismo por explorar. De esas profundidades trata el curso de escritura y autoconocimiento impartido por Anna Llauradó que ha desembocado en este libro. Un curso en el que sus protagonistas se fueron abriendo en canal, como si de una cirugía cerebral se tratara, mostrando su interior y la trastienda de sus emociones. Lo más fascinante es observar cómo, a través de los ejercicios que les propone Anna en el curso que enhebra el relato, van encontrando respuestas y soluciones al conectar consigo mismas por medio de la meditación y de la escritura.

De ahí que el libro retrate, con gran sencillez y autenticidad, la vida de estas muchachas con TCA y de muchas personas que pueden verse reflejadas en estas heroínas de vida, protagonistas del libro, cuyo desafío es su propia mente.

Y es que la mente es una niña inconsciente que reclama la atención de quien la sostiene. Si se alimenta con pensamientos positivos, genera en ti un superhéroe; si lo hace con pensamientos negativos, te convierte en un verdadero villano.

Sin duda, si hay alguien que siente y se mueve por su gran intuición femenina para retratar dicha realidad, es Anna. Mujer buscadora y comprometida que proclama los valores y principios humanos con una cercanía inigualable y, si hay algo de lo que hablar en los medios, es de ello y ella lo hace como nadie.

Es una maravillosa crítica desde el conocimiento y está llena de compasión, comprensión, grandes dosis de amor y de humor que recorren el libro con los testimonios de las jóvenes que, a lo largo de varios meses, participaron en el curso de escritura que Anna impartió en Setca (Servicio Especializado en Trastornos de la Conducta Alimentaria).

«El cuerpo es el cáliz del alma y si el alma está errante, podemos intentar llenar su lugar con adicciones», dice Marion Woodman, citada por Anna.

Mi día a día personal y profesional me muestra que, si el alma está errante, como dice Woodman, otros virus se meten en el sistema operativo de la mente y literalmente «la okupan». Una vez instalados dan la orden a su antojo, como cualquier otro virus de destrucción, adueñándose de las riendas de la vida de la persona y manipulándola.

Por eso suelo decirles a mis pacientes que el lugar más inseguro del mundo es la propia mente.

En el libro vamos observando cómo los pensamientos crean confusión y alejan a estas chicas de su esencia para hacerlas caer en el miedo y llevarlas al límite de la comida, las drogas, el alcohol, el sexo, todo ello desmesurado, superlativo. De ahí el ensimismamiento, el estrés, la amenaza…

Para estar bien necesitan amor, presencia, reconocimiento, comprensión, paciencia, abrazos y tacto a la hora de tratarlas. Es el modo de reconectarlas con sus "yos verdaderos" y el antídoto para matar al virus convirtiendo la fuerza destructiva, que puede ser mucha, en constructiva, porque, cuanto más aprieta el virus y más villano me vuelve, más fuerza debo sacar para convertirme en superhéroe.

Llegar a la introspección mediante la respiración y la meditación para sentirse dentro de su cuerpo —tal como lo practican a lo largo del curso impartido por Anna— es una técnica maravillosa que las empodera a través del amor y de la comprensión hacia sí mismas que luego expresan en sus textos fruto de los ejercicios del curso.

Hay reflexiones tan poderosas en este libro…

Sus protagonistas son maestras de vida y es un lujo que en unas cuantas páginas puedan describirse con tanta verdad y, con ello, a cualquiera de nosotros, en el fondo.

Me fascina cómo hablan del sexo, esa energía que pasa por el sentir, no por el pensar, para desnudarte tal cual eres en todos los sentidos, pero también reconocen cómo sus mentes las amenazan y castran en la intimidad.

Estoy con Anna cuando dice que la mayoría de las personas con luchas mentales las viven en silencio por miedo a que las tilden de locas y se ahogan en la incomprensión mientras todo su mundo interior y sus vivencias acaban sometidos por una pastilla.

Pero tú eres más grande que todo eso.

Este es el sentido del curso impartido por Anna y de este libro que condensa magníficamente todo cuanto expresaron en el papel estas jóvenes mujeres.

Escribir es sacar todo lo que llevas dentro para estar más en paz y ver con mayor claridad.

Mi amor, desde el minuto uno, por estas mujeres ha sido absoluto, así como mi propio reconocimiento en ellas.

Este es mi libro.

Este es tu propio libro.

LIDIA BLÁNQUEZ

Terapeuta multidisciplinar, nutricionista especializada en la técnica de HLBO para analizar la sangre y directora del centro Lidiabiosalud en Barcelona.

Este libro es tu espada
para matar a todos los monstruos que tienes detrás de tu espalda.
También tu escudo
para dejar a todos los demonios mudos.

Es agua bendita
que te limpia,
que te alivia
y que te aviva.

Es un cuchillo, que pelea por los chiquillos
que llevamos dentro,
que juegan y así no mueran.

Es un paquete de pañuelos,
para secar todos tus duelos.

Es un brote verde en tierra quemada.
Calma en tu alma quebrada.

Paz en la guerra.
Vida en la muerte.

Rocío

Una semana antes del estado de alarma causado por el virus con nombre de mascota olímpica, tuvimos nuestro último encuentro. Casi todo se desarrolló en el patio del centro. Era un jueves de principios de marzo y el sol ya traía calor, con ganas de primavera, invitando a salir.

No sabíamos que nos iban a confinar, aunque ya se intuía en el ambiente que el bicho campaba a sus anchas y tendríamos que recluirnos en nuestros domicilios. «Cortamos justo», como dirían las abuelas cuando llegabas a casa y, solo cerrar la puerta, caía un aguacero. La tormenta pandémica estaba a punto de descargar, pero nosotras ya teníamos parte del trabajo hecho a lo largo del curso para dar forma a lo que iba a ser este libro.

Una aventura. La poderosa aventura de un grupo de chicas extraordinarias que han vivido confinadas en sus mentes, sin poder salir, persiguiendo la fantasía de una perfección que por poco les cuesta la vida. Mujeres-bambú que se han creído sombras, sutiles, siendo, en el fondo, como el bambú mismo, cuyo crecimiento parece inexistente al estar siete años tejiendo y fortaleciendo sus raíces en la oscuridad para emerger luego, de repente, hacia la luz y crecer, en un día, un metro, y más de treinta en solo seis semanas.

Según la tradición japonesa, el bambú nos enseña que los procesos de transformación, en los que parece que no pasa nada y no se avanza, acostumbran a servir de base para un futuro crecimiento personal lleno de fuerza y prosperidad.

Como el de las protagonistas de esta historia, que llevan tiempo echando raíces sin que nadie lo vea.

Y están aquí. Contra viento, marea y pandemias. Para contar esta historia.

Quizás ahora, más que nunca, podrán recibir la comprensión de los lectores porque todos sabemos ya lo que es el miedo y no poder salir, aunque quieras, de un obligado confinamiento.

Y tal vez comprendernos con amor, los unos a los otros, nos ayude a lograr ese mundo algo más sensible y tolerante que tanta falta nos hace.

Camino hacia el centro. Es jueves, el último de setiembre. Hace una semana Reyes me llamó para preguntarme cuándo podía empezar. Y aquí estoy acercándome al inicio de este viaje.

¿Quién soy? ¿Cómo soy? Soy Sixtine, tengo quince años. Estoy bloqueada. En realidad no sé quién soy. Solo sé qué edad tengo y cómo me llamo. Pero cómo soy, no lo sé muy bien...
En realidad, creo que ya lo sé: soy INSEGURA.

Faltan apenas quince minutos para las cuatro. Quiero llegar antes para tener tiempo de ver a Reyes, darle un abrazo y compartir los últimos detalles. También para recoger los cuestionarios que mandé por correo y que ya estarán preparados. Aprieto el paso y empiezo a sudar un poco. Aún es verano.

Soy Ona. Soy un pájaro. Un pájaro que desea ser libre. Un pájaro que se muere por abrir sus alas y alzar el vuelo y marcharse allá donde su corazón le diga. Mi alma grita porque quiero que se la escuche, grita porque ya está cansada de estar en tierra. Aun así, no me muevo: mis alas están bloqueadas. Pero estoy luchando para deshacer los nudos que me retienen.

Cruzo la última calle para llegar al centro. Es una de las aortas de la ciudad y baja a caudal lleno. Hay mucho ruido. Siempre me ha molestado el ruido, pero, a medida que pasan los años, cada vez más. Será que me he vuelto intolerante al estrés. Como a la lactosa. Será mi sensibilidad…

«Demasiado sensible», me decían de niña. Demasiado… ¿Dónde está el Registro de Niveles de Sensibilidad?

En este planeta no sé si existirá, me da por pensar mientras sorteo una hilera de motos aparcadas en batería. Aquí los sensibles seguimos siendo unos raros de interés periodístico o científico, y más ahora que nos dedican nuevos términos, como el acuñado bajo las siglas PAS: Persona Altamente Sensible. A no confundir —disléxicos avisados y también raros— con el PSA, que es el antígeno específico de la próstata (*Prostate Specific Antigen*). Sea como fuere, la sensibilidad sigue siendo una molestia aunque, con el tiempo, parece que he subido de categoría: de demasiado a altamente.

PAS, PSA, TOC, TDAH, DSM, TLP… La galería de siglas promete. Estamos como cabras, pero el sistema nos quiere ovejas. Es curioso: parece que cada día somos más los que nos salimos de la raya y todas esas siglas lo demuestran; incluso unas investigaciones recientes han certificado que las cabras poseen tal sensibilidad que pueden escuchar los cambios emocionales sutiles en los balidos de sus semejantes.

Por eso tengo tantas ganas de tirar hacia el monte de esta locura.

Soy Aitana, una cabeza pensante atada a un cuerpo que grita en silencio. Pero en mi cabeza nunca ha habido silencio. Desde los ocho años empezó a sonar un ruido que ha ido aumentando o disminuyendo con el tiempo. Solo hay una cosa que me saque de ese lugar: la danza.

Cuando el cuerpo baila la mente olvida, así que… vamos a bailar.

Llego frente al portal. En la pared lateral veo la placa con el nombre del centro y el piso. Es en el entresuelo. Llamo al interfono. Varios segundos y suena la vibración de la puerta. Empujo el gran portalón de hierro y cristal, y entro. Estoy emocionada.

Soy Lucía. Y, como mi nombre indica, tengo luz. Luz propia. Una luz que está luchando para que los agujeros negros a su alrededor no se la traguen. Estoy segura de que esa luz conseguirá brillar. Yo brillaré.

La portería es amplia y antigua, presidida por un ascensor solemne de puertas pesadas y regias. Solo es un piso y subo a pie. Con cada escalón, el corazón me late un poco más deprisa. No por el movimiento: es un gusanillo de nervios. Tengo ganas de empezar, que me cuenten, compartir, aprender y ver qué pasa, qué nos pasa.

Vamos a construir un puente. Altamente sensible. Y quién sabe si indestructible.

Soy Neus. Soy un sol, una estrella que se ha escondido del mundo durante mucho tiempo. Demasiado. Tenía miedo a vivir, a sufrir, y quiso desaparecer. Después de meses y años de frío y oscuridad, ese sol empieza a asomarse de nuevo. La gente puede ver algunos de sus rayos y disfrutar un poco de su calor, pero, a veces, ese miedo regresa y el sol se vuelve a esconder.

Llamo al timbre y la puerta del centro se abre. Frente a mí, un mostrador. Tras él está sentada una chica. Levanta la mirada y me sonríe. Voy a presentarme, pero está hablando por teléfono. Reyes sale de un despacho en ese momento y viene hacia mí para abrazarme y darme la bienvenida. No nos veíamos desde antes del verano. Está muy ilusionada por la aventura que vamos a empezar.

Me llamo Patri y tengo veinte años. Con muchas ganas de vivir y de disfrutar de la vida. Luchadora que tiene la necesidad de liberarse de todo su pasado y mostrarse tal y como es.

Reyes me presenta a parte de su equipo: dos terapeutas, una dietista, y a su socia, P. También a la chica de la recepción, cuyo nombre me cuesta memorizar porque es un diminutivo del original.

Soy Laia. Pero ¿quién soy?, ¿cómo soy? Qué pocas veces nos hacemos estas preguntas y qué difíciles son de responder. Al final lo que soy y lo que somos se podría resumir en una palabra: HUMANOS. ¿Por qué tenemos esta necesidad de mostrarnos siempre perfectos? ¿Por qué tenemos miedo a mostrarnos vulnerables? ¿Por qué no nos permitimos ser, sin más?

Después de las presentaciones, Reyes me entrega el *dossier* con los cuestionarios que le mandé para imprimir. Son cuatro bloques que iremos trabajando semana a semana. También están la bibliografía y la filmografía recomendadas para el curso.

Ojeo las copias y Reyes me propone ir a la sala. Me dice que está muy contenta de que esté aquí y que las chicas están muy ilusionadas. El gusanillo de nerviosismo se intensifica. ¿Sabré estar a la altura de sus expectativas? (O será, en realidad, de las mías).

Soy Clara. Voy a cumplir dieciocho años y soy la pequeña de una gran familia y del mundo en general. Me gustan el arte y la música, y siento muy intensamente todo lo que pasa a mi alrededor. Le tengo miedo a todo, a la vida... Pero supongo que sigo aquí porque el amor es más fuerte y las personas son maravillosas.

Reyes abre una gran puerta de cristal en la que se ve el logo del centro. Tras ella aparece un largo pasillo, como una pequeña rambla por donde varias chicas entran y salen de distintas habitaciones laterales. Algunas me miran y yo me siento vulnerable.

Sigo a Reyes, que va hacia el fondo donde vislumbro, tras un gran ventanal, un foco de luz solar. Antes, a mi derecha, entreveo por la puerta medio abierta una de las estancias: es un pequeño comedor donde tres chicas están terminando de comer. De la habitación de al lado sale una sinfonía de platos y cazuelas. Reyes me pregunta si quiero tomar un café o una infusión, y entreabre la puerta que da a la cocina. Se lo agradezco, pero llevo mi pequeño termo con té y limón.

Si le preguntas a una persona «¿quién eres?», probablemente te mire como si estuvieses tarado, dando por hecho que es una tontería de pregunta que cualquier persona podría responder con facilidad.

Soy Claudia, tengo veinticuatro años, ¿y qué?

En el momento en el que te sientas y te retumba esta pregunta en la cabeza, la respuesta es mucho más compleja de lo que, en un principio, puede parecer.

¿Quién soy, cómo soy…? Me he dado cuenta de que, inconscientemente, me he pasado muchos años de mi vida tratando de buscar la respuesta…

A medida que nos acercamos a la sala bañada por el sol, descubro que da a un gran patio rodeado de edificios. Pero, antes de entrar, desde otra habitación, a mi izquierda, aparece un chico. Es la primera persona del género masculino que veo en este universo femenino. Reyes me lo presenta: es S., terapeuta en prácticas. Estará en el curso por si hubiera alguna reacción imprevista con las chicas.

¿Quién soy? ¿Cómo soy? No lo sé. Me llamo Ainara y soy una página en blanco, rasgada por todo lo que me ha hecho sufrir en mi vida. Mi trastorno. Mi ansiedad. Mi autoexigencia. Mi perfeccionismo. Mi miedo. Mis deseos de acabar conmigo misma. Cuando era pequeña esa hoja estaba más coloreada. Puede que solo las esquinas, pero eran de colores intensos. Representaban ganas de vivir. Curiosidad. Alegría. Ojalá pudiera decir que esas esquinas duraron mucho tiempo. Pero se fueron borrando…

Igual, dentro de un tiempo, puede que esta hoja vuelva a colorearse. Queriéndome y cuidándome. Empezando a descubrir qué quiero. Qué necesito. Cómo soy. Quién soy.

Me siento en el sofá biplaza que hemos colocado con Reyes frente al gran ventanal. Me quedo sola mientras espero que las chicas lleguen y el curso empiece.

Es un momento para resituarme y tomar conciencia de la experiencia que voy a vivir. Es una responsabilidad. Y un compromiso que acepté aquella tarde, mientras compartía un té con Reyes, cuando empezamos a hablar del sufrimiento mental y de lo terapéutica que es la escritura para expresar y liberar. Le conté que había diseñado un curso de escritura partiendo de esta base, utilizando un cuestionario para definir personajes y técnicas de construcción de un guion que había aprendido con un gran maestro, guionista de cine estadounidense. Con el tiempo, había visto que aquellos instrumentos también eran aplicables a la película de la vida.

Han pasado unos meses desde aquella charla entre amigas y ahora estoy aquí para aventurarme con un grupo de chicas cuya tortura mental se evidencia con algo que el sistema ha catalogado con una de sus tantas siglas: TCA.

TCA. Trastorno de la Conducta Alimentaria, dicen los entendidos. Enfermedad mental grave, a veces letal, que afecta a personas de todas las edades y géneros. La mayoría de los casos aparecen en la adolescencia incidiendo sobre todo en las chicas: de cada diez casos, nueve son mujeres, aunque en los últimos años ha incrementado el número de varones por la presión social hacia el cuerpo masculino. La padece el 4% de la población española y a nivel mundial el número de casos se ha duplicado en las últimas dos décadas, llegando al extremo de que uno de cada cinco jóvenes en el mundo ya sufre desórdenes alimentarios. En este sentido, las cifras estiman que, de cada cien personas, una se verá afectada por el TCA siendo la enfermedad mental con mayor índice de mortalidad ya que cada 52 minutos causa un fallecimiento. Y los casos seguirán aumentando, desgraciadamente, porque cada día hay más personas obsesionadas con su físico, con la apariencia, con la necesidad de gustar y conquistar un *like*. Y es que casi el 50% de las chicas entre 12 y 16 años quieren adelgazar e incluso las niñas a partir de los 8 años ya expresan insatisfacción con su cuerpo.

El trastorno es sutil al principio, pero en cuanto arraiga se presenta con comportamientos alimentarios anormales, obsesión por las dietas, una percepción de la imagen corporal distorsionada y la creencia de que la propia imagen no corresponde al estándar social. De ello se deriva una preocupación excesiva por el peso y la comida mientras la enfermedad oscila entre la anorexia con restricciones radicales de alimentos y la bulimia ligada a los atracones desaforados. Las personas afectadas, además, tratan de comer a solas, evitando cualquier tipo de comida, cuentan calorías constantemente y se pesan con frecuencia además de practicar ejercicio de manera obsesiva y encerrarse en el baño después de comer para inducir el vómito. Las consecuencias son una disminución de peso alarmante, aunque la persona se siga viendo con kilos de más, cambios en el carácter y un nerviosismo ante la comida, y la vida en general, que provoca ansiedad, trastornos obsesivo-compulsivos, autolesiones y depresiones que sumergen a sus víctimas en un infierno cuyas profundidades las aterrorizan hasta el extremo de que algunas quieran quitarse la vida.

Pero cualquier etiqueta, cualquier sigla, encierra una historia personal.

Contarla es el sentido de este curso.

S., el terapeuta en prácticas, aparece y se sitúa en un rincón, acomodado entre cojines, con su bata blanca y su carpeta. Tiene el pelo corto, ensortijado, y los ojos muy vivos. Me sonríe. No sé si sabe muy bien dónde se ha metido.

A lo largo de los primeros minutos, van llegando las chicas y colocan, ellas mismas, otros sofás que traen de la sala de al lado. Sugiero ponerlos en círculo, así podremos vernos las unas a las otras y estar más juntas.

Las observo a medida que llegan y me sorprenden dos cosas: que solo una de ellas está muy delgada y que todas son preciosas.

Cuando ya estamos sentadas, Reyes hace una breve introducción para presentarme.

Luego me abraza, le doy las gracias y desaparece. Y ahí nos quedamos. Mirándonos. A las cuatro de una tarde de jueves de finales de setiembre.

Pasa un silencio… Y un vacío se instala. Ellas y yo. Ahí. Ellas formando esa medialuna y yo frente a sus miradas. Hay como un foso que nos separa. Lo cruzo con una sonrisa y empiezo a presentarme. Les digo cómo me llamo, que me dedico a escribir. Novelas, guiones de cine, cuentos…

Las chicas me miran. La vida no va de currículums. Me lo dicen desde sus miradas desesperadas. Y aunque están encogidas, algunas, y otras cerradas o prácticamente ocultas, y casi todas con una predisposición defensiva, también muestran cierto interés. Curiosidad. Una mezcla de «A ver qué nos cuentan ahora… (después de todo lo que ya nos han contado y nos seguirán contando que no nos ayuda demasiado)» con «Bueno, vamos a escuchar, tal vez…».

Reconozco esa combinación de dolor y escepticismo negativo, aunque también con una necesidad desesperada de esperanza. Yo lo he pasado. Les cuento entonces que hace años estuve metida en un proceso, largo, de ataques de ansiedad y de pánico.

—Empezó al ir al rodaje de una película cuyo guion había escrito y que me había generado mucho estrés. Rodábamos fuera de la ciudad y el primer ataque me sorprendió conduciendo por la autopista. No llegué al rodaje. A duras penas pude regresar a casa. Aquel fue el primer día de un proceso muy largo. Yo no quería medicarme. Quería ir al fondo y saber qué me estaba pasando realmente. Y fui descubriendo muchas cosas de mí, de mi infancia, que me ayudaron a comprender. Pero llegó un momento, después de dos años «a pelo», que tuve que tomar unas dosis mínimas de medicación porque estaba agotada. Mis hijos eran pequeños y no podía ni siquiera ir a buscarlos al colegio. Dejé de trabajar, de dormir, apenas comía… Solo me mediqué durante seis meses, para remontar. Luego, de manera natural, me fui olvidando las pastillas y el médico dijo que era una señal de que ya no las necesitaba. Así pude seguir como yo quería, sin que la medicación anestesiara lo que estaba buscando. Era a mí misma, pero no lo sabía. Y, día a día, fui yendo hacia mí, hacia mi pasado, descubriendo heridas, de mi niñez, en mi familia… Había heredado mucho miedo. Y se fue traduciendo en fobias. Yo bromeaba diciendo que, menos zoofobia, las tenía todas.

Al ir desgranando mi historia, todas empiezan a mirarme de un modo distinto. Algunas incluso me sonríen. Noto cierta conexión. Complicidad. Les digo entonces que me ayudó mucho poder escribir lo que sentía. Y meditar. Ante la palabra «meditar», la energía cambia y aparece cierto recelo.

«¿*Meditar*? ¿Ahora nos va a tocar ponernos en plan Dalai Lama?». Traduzco con humor sus miradas y ahora sonríen todas. Les comento que, en la medida en que podamos, también vamos a reírnos, porque, como decía Leo Ferré, «en el cóctel molotov hay que poner un poco de Martini».

Sus sonrisas se agrandan. Se acorta la distancia. Todas conocemos el miedo. Pero apenas nos conocemos a nosotras mismas. De eso va el curso que hoy empezamos, les digo.

—«Sabemos lo que somos, pero no lo que podemos llegar a ser», escribió Shakespeare. Pero, con todos mis respetos, discrepo: la mayoría no sabemos lo que somos. Ni tan siquiera cómo somos... ¿Vosotras lo sabéis?

Me miran. Se miran entre ellas. Y, luego, niegan con la cabeza; algunas, incluso, con vehemencia. Entonces les explico que, a lo largo de estos meses, vamos a intentar dar algún paso para comenzar a descubrirnos.

—Es un camino de largo recorrido, pero esta experiencia puede ser un principio. Vamos a hacer... un viaje. Indagaréis primero en aspectos de vuestra personalidad actual, y también del pasado, para luego ir conectando con esa manera de ser potencial de la que habla Shakespeare. Porque somos más de lo que creemos, aunque no lo sepamos. Para ello, meditaremos, escribiréis y compartiremos. También haréis unos ejercicios con un cuestionario que sirve para definir personajes a la hora de escribir un guion de cine. En las películas, un buen personaje es aquel que está bien definido y, de repente, a los pocos minutos, le aparece un conflicto. Enfrentarse a ello le hace definirse más y evolucionar. Vosotras tenéis un TCA, dicen... Un trastorno alimentario que, en el fondo, si me lo permitís, es... ese conflicto cinematográfico.

En las expresiones serias o escépticas empiezo a ver signos de interés, como chispitas, destellos de aprobación.

—Necesitáis contar, creo. Expulsar vuestras historias, pero, además, podríais darle un sentido: escribir sobre ello para que os ayude a liberaros y a comprenderos mejor, pero también para que vuestras experiencias sirvan a otras personas, en situaciones parecidas. Por eso, si recogemos todo lo que vaya surgiendo a lo largo del curso, cuando acabe, con lo que tengamos, podríamos plantearnos hacer un libro.

Las chispitas y los destellos se intensifican. Incluso aprecio pequeñas ráfagas de curiosidad. ¿Un libro? ¿Ha dicho «un libro»? Un ligero oleaje se despierta: algunas no se lo creen, a otras les hace ilusión, hay quien no se pronuncia y simplemente observa…

—Lo mejor es empezar a conocerse, ¿os parece?

Ante mi pregunta, sonríen, asienten. Alguna se encoge un poco más… Entonces les pido que se presenten. Que empiece la ronda quien quiera.

—Pues yo misma…

A mí izquierda descubro a una chica de pelo trigueño, largo y liso, con los ojos claros y muy expresivos, que me sonríe.

—Me llamo Carlota. Llevo seis meses en el centro. Tengo dieciséis años y soy adoptada, como mi hermana de diecinueve, con la que me llevo fatal, por cierto. La verdad es que creo que no encajo en mi familia.

Respira y, al espirar, suelta:

—Nunca me he sentido querida.

Le ha costado decirlo, pero prosigue como si acabara de abrir un dique y ya no quisiera cerrarlo.

—Nunca he recibido atención, ni límites. Por eso en el colegio, a partir de tercero, empecé a buscar que se fijaran en mí. Pero en quinto ya no me hacían tanto caso y dejé de ser líder. Así que, entre lo mal que estaba en casa y también en el colegio, tuve mis primeros pensamientos suicidas.

No se detiene al decirlo. Me sorprende que su relato sea tranquilo, hilvanado, sin dramatismos.

—Al empezar la ESO estaba mal, tan incómoda con todo y con mi cuerpo que me autolesioné por primera vez. Luego llegó el campamento de verano y, como me dejé tocar por algunos chicos, empezaron a llamarme «puta». También «tonta». De ahí llegaron las noches en vela y mi exigencia para sacar buenas notas. Pero, aun teniendo nueves y dieces, seguían llamándome «tonta». Todo eso derivó en atracones y vómitos. En tercero de la ESO me dominaba una obsesión: mi peso. Creía que, si tenía un buen cuerpo, me iban a querer. Así que cada vez vomitaba más, no hablaba con nadie, discutía con mis padres y mi hermana pasaba de todo como siempre lo ha hecho. En cuarto de la ESO me mandaron tres meses a Canadá. Estuve muy mal. No comía, pero luego llegaban los atracones y me autolesionaba cortándome las piernas. También empecé a fumar marihuana. Aunque lo peor fue al volver a España cuando mi padre, solo recogerme en el aeropuerto, me dijo: «Has engordado». A partir de ahí, se desató una hiperactividad tremenda y mucha dieta, pero luego llegaban los atracones y los vómitos. Hasta que me trajeron aquí, al centro.

Carlota evidencia una tristeza que intenta maquillar con una sonrisa forzada. Le doy las gracias, conmovida, por haber sido tan valiente y generosa al contar su historia. Se emociona y llora. No puedo evitar levantarme y le pregunto si puedo abrazarla. Asiente con ganas. Nos abrazamos. Llora más, suavemente. Como si no quisiera hacer ruido. Emana ternura. Cuando se calma, me separo. Sonríe agradecida. Esta vez sin máscara.

Vuelvo a mi sitio y, rápidamente, otra chica toma la palabra. Es Patri. Morena, de pelo largo, liso, con los ojos muy vivos. Parece un animalito del bosque, entre ardilla y zorrito. Desprende una energía tierna y avispada. Pero también triste.

—Tengo diecinueve años y una hermana mayor por parte de madre. Que yo recuerde, en casa siempre hacían lo que yo quería. En cambio, en el colegio, sufrí *bullying* por culpa de mis orejas.

Miro sus orejas. Según ella, son demasiado grandes. A mí, me parecen normales.

—En sexto de primaria empezó a correr una foto mía en ropa interior. Todo eso lo pasé sola hasta que, al cabo de un año, pude hablarlo con mis padres y una profesora. Ya en la ESO, tuve mucha dependencia de una chica del colegio; también dejé que los chicos me tocaran. Cada vez fui sintiéndome peor hasta que llegó un momento en el que estaba tan mal que me corté las venas para sacar el dolor.

Sonríe al decirlo. Es un modo de amortiguar el golpe.

—Me llevaron al psicólogo y empecé a hacer deporte. También a restringir. Cada vez comía menos… Fui a peor hasta que hicimos un crucero con el colegio y ahí ya dejé de comer totalmente para pasar luego a fases de bulimia. Llegué a adelgazar tanto que me llevaron al médico, que me diagnosticó mi anorexia. Llevo diez meses aquí.

Se calla. Mira un poco a todas y todas le sonríen. Hay dolor, pero también ternura, cariño, calidez, diría…

—Me llamo Rocío.

Es una voz grave, potente. Un poco ronca, como de haber trasnochado. Me giro hacia mi derecha y la descubro: vestida totalmente de negro, lleva una sudadera muy ancha que pretende ocultar totalmente su cuerpo, mallas y un gorrete que cubre parcialmente una larga melena ondulada y también oscura, como sus ojos. Tiene una mirada intensa, poderosa, que atrapa. Es guapa. Rotunda y, al mismo tiempo, parece asustada. Resalta el carmín de sus labios. Y su piel, muy blanca.

—Tengo veinticuatro años. Mi infancia… es borrosa. Creo que fue mala. Mi madre fue madre muy joven. Cayó en depresión y vino mi abuela. Todos mis recuerdos son con mi madre histérica, llorando, teniendo broncas con mi padre y queriendo suicidarse.

Se para. Le cuesta hablar. Levanta las piernas y se hace un ovillo en el sofá sobreponiendo parte del inmenso chándal sobre sus rodillas para acurrucarse más consigo misma.

—Yo he crecido con el mote de gorda. Y sin la compañía de mis padres, ni de mi hermana. En el colegio me hacían *bullying*. Me decían que parecía un niño. Y no quería ir, pero me daba vergüenza explicar por qué. Así que a los quince años dejé los estudios. Y tuve mi primer novio. Diez años mayor que yo. Me enamoré de su protección porque mi padre nunca me había cuidado. Pero me quedé embarazada. Y tuve que abortar. Tenía dieciséis años. Fue un aborto largo, complicado, horroroso... Y mi madre se puso de luto a partir de ese día y, desde entonces, cada año pone velas por el niño que no nació. Me convertí en la oveja negra de una familia católica. A los dieciocho corté. Me fui a Asturias a hacer un voluntariado para cuidar burros y caballos. Pero toda mi ansiedad volvió y, encima, el siguiente novio que tuve era un machista. Estuve dos años con él hasta que cortamos y me puse a trabajar en una pizzería. Parece ser que era una buena trabajadora. Y apareció un tercer chico. Yo no era su tipo, claro, pero me esforcé durante un año para transformarme y gustarle. Ayunaba para adelgazar y tomaba cocaína para aguantar porque me caía teniendo que trabajar todo el día sin comer nada. No iba ni a las fiestas navideñas de casa para no comer. Así que, al final, llegué a pesar cuarenta y dos kilos y él se fijó en mí. Nos pusimos a vivir juntos y yo a trabajar en un estanco. Pero rápidamente él empezó a machacarme: le molestaba el ruido de mis vómitos y de mi llanto. Empecé a entrar en una dinámica cada vez peor, sin comer, aguantando con coca y durmiendo con somníferos. De hecho, mi novio me violaba de noche cuando estaba dormida y yo no me enteraba hasta la mañana cuando me despertaba... Llegué a pasarme siete días sin comer nada, encocada, y empecé a vomitar espuma con un dolor en el pecho insoportable. Me asusté tanto que pedí ayuda a mis padres. Entré aquí hace un año. Dejé al novio, encontré piso, trabajo y...

Sonríe con una tristeza tan honda. Es tan bella... Y poderosa a la vez que muy tierna.

—También dibujo —añade.

—Lo hace genial...

Lo dice la chica que tengo delante de mí. Y las demás suscriben sus palabras.

—Qué va... —Rocío se quita mérito.

—Que no, que lo hace de coña —insiste la chica.

Es rubia, con una media melena por debajó de la mandíbula, y los ojos azules, muy claros. Delgada. Muy delgada. Le sonrío y me dice:

—Soy Aitana.

Parece un cervatillo asustado. Pero a la que me cuenta que es bailarina su expresión cambia. Se vuelve radiante, e incluso su cuerpo, ligeramente encogido, se estira al expresar su vocación. Quizá por ser artista, pienso, ha salido a reconocer y aplaudir el arte de Rocío.

Aitana me cuenta que es hija única.

—Tengo dos hermanastras, de cuarenta años, hijas de mi padre. Desde que nací he tenido una dependencia total de mi madre. A mis cuatro años ella volvió a viajar, por trabajo, y yo empecé a pasarlo muy mal. A los seis años ya estaba en el psicólogo. Pero no me trabajaron lo emocional y a los ocho años aparecieron los primeros TOC. Entonces me llevaron al psiquiatra y comenzaron a medicarme. A los doce se me habían quitado un poco las compulsiones, pero llegó el TOC de la higiene y luego el de los números. Muy duro, aunque... no tanto como el de tener que tocarlo todo. Ese... ese fue...

Aitana se pone a llorar. Me quedo unos segundos dudando hasta que, como he hecho antes con Carlota, me atrevo a preguntarle si me permite darle un abrazo. Asiente sin dejar de llorar. Me levanto y voy hacia ella.

Al abrazarla le digo que sé lo que es eso: yo también he tenido varios TOC y es un infierno. No puedes parar. No puedes dejar de hacer eso que te parece una estupidez, pero si no lo haces, el pánico te va a devorar. Así que entras en una lucha agotadora entre reprimir esa conducta repetitiva, obsesiva y aparentemente absurda, y hacerla sin poder evitarla porque si la cortas temes que el horror se abalance sobre ti, te destruya y destruya todo lo que amas.

Aitana se calma después del abrazo.

Cuando vuelvo a mi asiento, me cuenta que, a raíz de aquellos primeros años tan espantosos, al iniciar la primaria se creó una máscara.

—Era una niña muy rebelde, impulsiva, irreflexiva. Incluso… desagradable y maleducada. Desafiar era «guay». Decía palabrotas, trataba mal a las personas, no pensaba en los demás. Era una manera de protegerme, de esconder mi parte sensible y ponerme una coraza. Solían echarme de clase y me daban largas charlas para que cambiara mi actitud. También en casa, y esas eran mucho más largas, casi siempre monólogos de mi madre… Pero cuando llegué a la ESO me puse otra máscara. Me cansé de ser la rebelde y la payasa de la clase y decidí que quería que me vieran como una chica normal, femenina. Ahí empecé a hacer tonterías con la comida y a buscar el cuidado de los demás. Me convertí en la súper buena y apareció la anorexia: quería dar pena y ser frágil para que todos me quisieran. Mis huesos empezaron a ser mi obsesión. Bailo desde los siete años. Y desde los seis voy al psicólogo. Buena combinación.

Se ríe un poco y añade que tiene un sentido del humor un tanto mordaz. Que ya lo iré conociendo. Pero se entristece cuando, para terminar, me dice que su pasión es bailar aunque ahora, de momento, no la dejan para que no pierda peso. Me enseña unas zapatillas rosas de bailet colgadas en la pared. Son suyas. Están ahí para recordarle, cada día, que llegará el momento en que pueda volver a ponérselas, pero que debe tener paciencia hasta que recupere su peso y no adelgace más. Solo lleva tres meses en el centro.

Le digo que podrá volver a bailar. Claro que sí. Ante mi convicción, se le ilumina la mirada. Es como si, de repente, la hubiera tocado con una varita mágica y hubiera despertado. Le hablo de *El elemento,* de Sir Ken Robinson, y, al citar el primer caso que abre el libro, sobre la niña que parecía tener un déficit de atención y que acabó siendo una bailarina de renombre internacional, además de ser la coreógrafa de *Cats* y de *El fantasma de la ópera*, entre otras obras, a Aitana se le abren ya los ojos como dos faros y me pregunta:

—¿Cómo se llama? ¿Quién era?

—Gillian Lynne.

—La buscaré en internet y compraré el libro —me dice con una sonrisa que la danza acaba de dibujar en su cara.

Al lado de Aitana, una chica morena se incorpora a medias en el sofá y levanta la mano en señal de «ahora yo...». Es Claudia.

Ojazos oscuros, labios carnosos, pelo negro, ondulado y largo, medio recogido, me parece alta, con carácter y mucha presencia.

—Tengo veintidós años. Soy de Santander, aunque ahora vivo aquí. Tengo una hermana de dieciocho y, que yo recuerde, tuve una infancia feliz aunque mi madre pasó una enfermedad chunga. A partir de sexto de primaria empecé a sentirme diferente. Inferior. Y triste. Me veía más alta, más desarrollada, y los comentarios no ayudaban porque no paraban de decirme qué grande era, que qué bien comía... Así que pensé: si dejo de comer seré como los demás.

Y dejó de comer. La madre lo detectó. Y la llevó al pediatra.

—Pero yo mentí en el test. Y seguí adelgazando. Hasta que, a punto de cumplir once años, me internaron en un psiquiátrico. En el pabellón de adultos porque no había sitio en el de los niños. Fue tan horroroso que me puse peor.

Al recordar ese episodio nefasto de su vida, Claudia se revuelve: ¿por qué la dejaron ahí, con adultos enfermos, desquiciados, destruidos en muchos casos, siendo una niña, solo una niña? ¿Es que acaso nadie vio la aberración?

Al parecer, no.

—Y entonces vinimos a Barcelona, al Hospital San Juan de Dios. Me dejaron siete días sola en el hospital. Solo tengo flashes. Pero me sentí como un perrito al que abandonan en una gasolinera. He visto gente morir, gente intentando matarse... Fueron dos años horribles...

Claudia respira como reuniendo fuerzas y me sigue contando que, después de aquella época de pesadilla, estuvo casi seis años relativamente «bien». Luego llegaron los primeros novietes, el bachillerato y, tras aprobar la selectividad, se fue a Madrid a estudiar Psicología. Pero, a los ocho meses, recayó. Pidió ayuda, se recuperó medianamente, hasta que pudo regresar a Madrid, pero entre tanto ir y venir, el infierno reapareció con mayor virulencia y tuvieron que volver a ingresarla.

—Cuando ya estuve mejor, acabé la carrera. Pero de la anorexia pasé a la bulimia. Las tres chicas con las que compartía piso me dijeron que no querían vivir con una loca de la alimentación. Así que tuve que buscarme otro piso, con otras dos chicas, y trabajé cuidando niños hasta que terminé la carrera y volví a Santander. Pero los atracones y los vómitos eran cada vez peores y yo me daba asco. Aun y así, no quería volver a ingresarme y mis padres me echaron de casa. Hice la maleta y me fui a vivir con un amigo. Mis padres me volvían a abandonar, ¿sabes? —Me mira. Deja un silencio y luego me cuenta que estuvo ocho meses fuera de casa y que, al final, gracias a otro amigo, vino aquí, a Barcelona y al centro donde espera recuperarse por completo.

Ha pasado más de una hora y media.

Les digo que vamos a dedicar el tiempo que sea necesario a las presentaciones, a conocernos... Así que la semana que viene seguiremos. Ahora nos queda apenas media hora para que les dé la primera pauta del curso: cómo meditar, y luego el primer bloque del cuestionario que van a contestar a lo largo de la semana.

Empezamos con la meditación. Solo dos de ellas han practicado alguna vez. Les explico que meditar, al menos para mí, es sentarte a solas y en silencio para estar ahí, contigo, respirando, observando...

—Decía Blaise Pascal, un filósofo y matemático francés del siglo XVII, que todos los males del ser humano se acabarían si supiera sentarse a solas consigo mismo en una habitación. Así que vamos a sentarnos, para empezar, con la espalda recta. Las piernas podéis doblarlas, en la que se llama «postura de loto», o simplemente os sentáis con los pies en el suelo y las manos sobre los muslos. Lo importante es tener la espalda recta. Os ayudará poneros un cojín en la base la columna para estar más erguidas.

Todas se van ubicando, buscando su postura y su espacio. Cuando ya lo tienen, les digo que en cuanto cierren los ojos y se adentren en la meditación, van a llegar los pensamientos, muchos, en tropel, como una muchedumbre a la espera de que abran unos grandes almacenes el primer día de rebajas. Pero que los dejen pasar y se concentren en respirar. Suavemente...

—Veréis que la cabeza se dispara. La mente no quiere calma, así que ese enjambre ávido de rebajas se va a poner cañero. Pero como si nada. Respiramos... Y respiramos. Que la mente tortura, que torture. Que dice barbaridades, que las diga. Tú, respiras... Es un entreno. Para ir dejando espacios al silencio y que vaya entrando la calma en medio de las rebajas.

Algunas sonríen... Las invito entonces a cerrar los ojos, tranquilamente, a aflojar las mandíbulas y a respirar con calma. Todos se entregan con cierta facilidad. De hecho, parece como si hubieran practicado alguna vez porque su actitud es abierta y relajada. Salvo Aitana. Tiene los ojos abiertos. Mientras el resto se entrega ya a respirar tranquilamente, con los párpados cerrados, como les he indicado, Aitana, que está frente a mí, me mira. Me mira fijamente, como una niña asustada. Le indico con un gesto silencioso que cierre los ojos, pero niega con la cabeza. Me levanto entonces y, mientras sigo guiando a las demás para que mantengan la respiración relajada, me acerco a ella.

—¿Qué pasa? —le susurro.

—No puedo.

—¿No puedes cerrar los ojos?

Niega con la cabeza. No, no y no. Reiteradas veces. Me pongo detrás de ella, pegada a su espalda. Le pido permiso para poner mis manos sobre sus hombros. Acepta. Les digo a las demás que vayan más profundo con la respiración y que, si vienen pensamientos, los dejen salir con el aire que sacan al espirar, que no se queden en ellos, solo en la respiración. Le susurro a Aitana que cierre los ojos, que estoy con ella, que no pasa nada. Sí que pasa: cerrar los ojos es perder el control. Y no puede, no quiere. Le aterra.

Sigo detrás de ella y suavemente le acaricio los hombros mientras les voy diciendo a las demás que sigan respirando, notando su cuerpo, las sensaciones, también los sonidos externos... Solo hay que respirar y observar...

Y, entonces, a medida que lo digo, percibo cómo los ojos de Aitana se entrecierran, como si le pesaran mucho los párpados, como si fuera un bebé que no puede evitar la profunda somnolencia que le invade.

Al final, acabamos todas respirando y meditando al unísono, y Aitana, aunque ha vuelto a abrir los ojos para volverlos a cerrar y abrirlos de nuevo, cuando terminamos y estiramos el cuerpo para desentumecernos, me da las gracias y yo le digo que esto va a ser como bailar: ya llegará, ya podrá.

Terminamos la sesión con la presentación del cuestionario y les entrego la primera fase de preguntas. Les explico que, en total, son sesenta, divididas en cuatro bloques, y que están basadas en el cuestionario que yo utilizo como guionista para definir personajes de cara a escribir el guion de una película.

Y es que, en cierto modo, van a escribir el guion de sus vidas en el que ellas son las protagonistas.

—En una película —les explico—, como ya os he comentado, los personajes bien definidos son fundamentales para que la trama avance, y, cuando llega el conflicto, se enfrentan a él y crecen. Vosotras, protagonistas de vuestra historia, vais a evolucionar a través del conflicto que ahora mismo tenéis y un primer paso, importante, es conoceros.

Por eso, el primer bloque está centrado en la infancia. La relación con los padres, los hermanos, colegio, creencias, recuerdos...

Les pido que cuando lo trabajen, en casa, practiquen antes unos minutos de meditación-relajación como hemos hecho ahora. Luego, pueden empezar a responder, sin pensar demasiado, si puede ser. Que se lancen y se dejen llevar... No hace falta que acaben las quince preguntas de golpe. Es más, casi es mejor que las dosifiquen para ir haciendo el cuestionario con calma. Y que no las miren salvo cuando vayan a contestar, para que las respuestas sean lo más espontáneas que sea posible.

Les entrego las copias con el primer cuestionario así como la bibliografía y la filmografía que comentaremos la semana que viene; también seguiremos con las presentaciones y otros ejercicios.

Nos damos los correos para estar en contacto y que ellas me puedan mandar sus textos, sus dudas y preguntas. Lo que necesiten. Les digo, para terminar, que de cada bloque de cuestionario que vayan contestando, les irá bien escribir un resumen en el que expresen cómo se han sentido, qué han descubierto y todo aquello que haya ido aflorando al hacerlo.

Nos despedimos. Alguna me da las gracias, otras me sonríen, tímidamente, como de lejos, como si tuvieran ganas de un acercamiento espontáneo pero que las formas aún reprimen.

Mientras me pongo la cazadora, apartan sofás y preparan mesas. Son las seis y toca la merienda.

Claudia es una persona que puede ser su mejor amiga y su peor enemiga a la vez. En mis manos está hacer de mis cualidades mis mejores virtudes o mis peores demonios y eso lo he descubierto con el paso del tiempo, cayéndome muchas veces y también «triunfando» otras muchas. Me retumba una frase que me han dicho a menudo:

«Si toda tu energía la canalizas hacia el lado positivo, llegarás donde quieras...».

Claudia me ha escrito.

Es como un mensaje en una botella. Primer correo antes del segundo día de curso.

Me dice que le inspiré confianza, ella que si no le caes bien se cierra y ni te habla. Pero, al despedirnos, sintió la necesidad y el deseo de compartir conmigo lo que escribe. Y escribe a menudo...

Te mando un texto sobre los cinco sentidos. Es un regalo que hice a las chicas del último centro en el que estuve. Era una caja, que dividí en cinco compartimentos; cada uno representaba un sentido y, en cada uno de ellos, puse algo... En el de la vista, una mariposa para cada una; en el del olfato, una barrita de incienso; en el del oído, un cascabel; en el del gusto, una gominola; y finalmente, en el del tacto, una goma de pelo (un coletero).

VISTA.

¿Existe alguien que vea a cualquiera de estas mariposas y no sea capaz de apreciar su belleza, de decir lo bonitas que son, los colores tan vivos que tienen y admirar sus alas?

Pues bien, a pesar de la belleza que tienen en común, cada una de ellas es única en el mundo; cada una tiene sus colores particulares, su forma, sus alas; su manera de volar, de moverse, de actuar y, lo más importante de todo, una historia diferente.

Lo que nuestros ojos ven cuando tenemos delante una mariposa es el resultado de un proceso muy largo y no precisamente fácil. Todas ellas permanecieron dentro de un capullo, del cual cada una tuvo una forma distinta de salir: las hubo que pudieron salir con facilidad, otras que tuvieron alguna dificultad pero que finalmente consiguieron hacerlo, y otras que no solo tardaron mucho sino que se sentían tan frustradas por no poder hacerlo por ellas mismas que perdieron las ganas, la fuerza y toda la ilusión que tenían por vivir; fue entonces cuando alguien que las quería mucho vino con unas tijeras y les cortó el capullo, pensando así que les facilitaría la salida. A muchas de estas mariposas atrapadas no les sentó nada bien esto, ya que el mundo nuevo y desconocido que veían asomar les daba un miedo terrible; además, no podían evitar pensar que, si salían, no iban a saber qué hacer, dónde ir, y sus alas estarían arrugadas y su rostro triste y cansado. Las hubo tan miedosas que optaron por no echar nunca a volar y mantenerse toda la vida cerca del capullo lamentándose y mirando cómo volaba el resto de las mariposas. Sin embargo, las hubo valientes que, día a día, paso a paso, hicieron enormes esfuerzos por estirar sus alas, hacer pequeños movimientos, relacionarse con las demás mariposas, dejarse mostrar ante el mundo… Ninguna lo hizo sin algún día triste, sin algún día en el que pensara abandonar y retornar al capullo en el que tanto tiempo había estado, pero, a pesar de todo esto, siguieron intentándolo.

El resultado lo tenéis delante de vuestros ojos.

Todas y cada una de vosotras sois mariposas, todas. Cada una de vosotras tiene un color, tenéis cosas preciosas que enseñar al mundo; no abandonéis, seguid, seguid estirando esas alas, cansaros algún día o muchos, pero seguid, porque sería una pena que el mundo se perdiera lo bonitas que sois.

OLFATO

Me gusta mucho el incienso, y un día me dio por pensar que, si nadie hubiera cogido un mechero y hubiera encendido la varita, yo nunca habría sabido a qué huele. Viendo la varita sin prender o el color sería incapaz de definir cómo es, su esencia.

Dejaros encender, hay mucha gente que quiere oleros, que quiere sentiros, que siente verdadera curiosidad por vosotras y os quiere. Si nunca os dejáis encender, nadie os conocerá, seréis un mísero físico al cual todos ven y nadie conoce, y creo que no hay cosa más triste. Quien realmente prende e impregna su aroma en los demás es quien realmente vive, siente y, sobre todo, deja un recuerdo imborrable.

OÍDO

Vivimos rodeadas de ruido, nos hemos acostumbrado a él. Hay ruidos agradables (canciones, voces…), otros indiferentes, otros rutinarios… Pero hay unos especialmente ensordecedores que molestan mucho, terriblemente jodidos… Creo que todas sabéis de qué ruidos hablo: esos que no nos dejan escuchar nuestra propia voz, nos alejan de la realidad, sacan nuestra soberbia, nos acojonan… En esos momentos de ruido ensordecedor, agitad el cascabel muy fuerte, y recordad que nada ni nadie merece interponerse entre la vida y vosotras. Sed sin miedo, que el ruido no distorsione la voz de quienes realmente sois, que suene alto y llegue bien lejos, tenéis mucho y muy bueno que decir al mundo.

TACTO

Os dejo hacer lo que queráis con la goma, estirarla, romperla, tirarla… Lo que sea con tal de que saquéis vuestra peor parte hacia ella, pero nunca hacia vosotras (imaginaros que soy yo en mi día más hater y aprovechad, que tenéis la victoria asegurada, jeje). A la goma, lo que queráis; a vosotras, mucho amor. ¡Trataros con tacto!

GUSTO

Nuestro sentido preferido, jejeje.

Qué deciros, amigas; qué menuda putada esto que nos ha tocado. Nuestra relación con la comida podríamos compararla irónicamente con la de una pelea, una pareja que discute, amigos que se enfadan, gente que no se habla durante un tiempo... Y todo esto tiene algo en común, ¿sabéis? Y sí, es la oportunidad de cambiarlo, de reconciliarse. Muchas veces pienso en las personas que nacen discapacitadas, a las que un día se les para el corazón y no vuelven a ser capaces de tener una vida normal, las que tienen un accidente y pierden una pierna... Todo eso no se puede cambiar, no hay vuelta atrás, por suerte o por desgracia tienen que vivir con ello el resto de su vida.

Sé que no es agradable, pero tenemos la oportunidad de dar la vuelta a esto. Aunque suene raro, somos afortunadas.

Voy camino del centro. A ver mariposas...

Llego diez minutos antes. Las chicas aún están en el baño, lavándose los dientes y las manos después de la comida. Algunas ya han entrado en la sala. Están empezando a colocar los sofás en círculo. Dejo mi bolso, la chaqueta, y me pongo yo también a ayudar. Poco a poco van llegando todas y creamos el espacio hasta que nos sentamos. Las miro y les pregunto cómo están. Silban algunos «bien» tímidos y unas sonrisas se deslizan.

El sol entra de lleno en la sala. Algunas lo buscan como gatos, arrullándose en el sofá incluso con una manta. Muchas tienen frío.

El dolor sigue dentro. Está en estas chicas. Y en tantas personas...

En el caso de estas chicas se manifiesta con la comida, aparentemente. Es cada día, a cada minuto, con una angustia que se eterniza entre un bocado y un vómito, entre el espejo y el vértigo de no saber quién eres. El dolor se vuelve insoportable y tiene que salir como sea. No entienden qué les pasa, por qué, para qué...

¿De dónde viene esa angustia, ese malestar? ¿Cuándo empezó, a raíz de qué?

La felicidad. La calma. Estar en paz. Es lo que buscan desesperadamente. Y también encontrar esa fuerza interior que no se enseña y de la que apenas se habla.

—No recuerdo mi infancia. Mis padres dicen que fue feliz. Y yo me lo creo.

Alba tiene un rollo *punk,* con *tattoos* y *piercings,* y una energía directa, auténtica. De vibración potente y, al mismo tiempo, muy tierna. Aunque haya dolor, su presencia destila algo así como: *Hola. Soy yo. Y aquí estoy.*

Es la primera que se presenta hoy, en la segunda jornada del curso.

Me confiesa que en la ESO no se sentía bien con su cuerpo. Ya antes no se gustaba. Su mejor amiga era tan delgada…

Entonces empezó a querer vomitar. Dominada por el trastorno, se lo dijo a su hermana, mayor que ella, y luego, a sus padres. La llevaron al psicólogo y para ella fue fatal.

—Comencé a los trece y lo dejé a los dieciocho. Me he sentido muy sola, con gente del rollo *chao, pescao,* y me fui distanciando del grupo de chicas con el que iba hasta que, en segundo de la ESO, llegó el sexo, y en tercero empezó mi época *punkie.* No quería ir al colegio y me juntaba con gente tóxica que me trataba como el culo. Me anularon y me quedé con el rol de dura. Fue un año fatal en casa, lleno de mentiras y de mal rollo. En cuarto estaba tan mal, con tanto dolor, que tenía que salir de clase para llorar. Hasta que dejé a los *punkies,* porque se metieron en drogas, y me cambié de colegio. Hice el bachillerato artístico y todo mejoró un poco, pero con el TCA era una montaña rusa: del atracón a restringir, y en segundo de bachillerato volví a estar muy mal. Iba a la psicóloga y al dietista, pero tenía mucha ansiedad y los atracones eran tan incontrolables que empecé a venirme abajo, a beber y a fumar porros. Me daba igual todo. Me apoyé en dos amigas que fueron como mis flotadores y entonces vi que tenía que parar. Pero, al llegar la selectividad, dejé de comer progresivamente y me decía: «Qué bien que ya no me atraco».

Se sacó la selectividad y se quedó un mes sola, en verano. Empezó a no comer nada, y si ingería algo, lo vomitaba.

—Fue un verano horrible. Estaba perdida. Volví a beber. Y mi hermana me dijo que buscara ayuda. Me burlé, pero, al final, fui al CAP a informarme y les conté a mis padres toda la verdad. Me apoyaron y me ayudaron. Buscamos un centro juntos y llevo aquí ocho meses.

Al lado de Alba, una chica monísima, de pelo largo y muy liso, se ovilla en el sofá y me mira con unos ojos intensos, oscuros, con expresión divertida, casi diría que traviesa, como una ardilla. Es Ona. Tiene quince años y su pasión es el fútbol desde los cuatro.

—De pequeña siempre reía —me dice—, pero ya veía que lo que me gustaba era diferente a lo que querían las otras niñas.

Parece tímida. Ella misma reconoce que siempre le ha costado expresar sus emociones.

—En el colegio estuve más o menos bien durante la primaria, aunque me veía distinta a los demás. Luego ya en la ESO empecé a sentirme sola, no porque lo estuviera, pero yo no estaba bien. Hacía muchas cosas: fútbol, inglés, el colegio… Y no había tiempo para parar. No explicaba nada a nadie, iba a mi bola, yo con lo mío, hasta que en cuarto de la ESO me fui obsesionando cada vez más con una dieta saludable. No sabía qué me pasaba, no estaba bien y comía cada vez menos. Entonces, durante el verano del 2018 todo empezó a ir mal, muy mal…

La llevaron a una nutricionista. Le hicieron un plan semanal. No sirvió de nada. Tampoco la psicóloga. Ni con el fútbol disfrutaba ya. Su cabeza solo quería controlarlo todo.

Sus padres buscaron otro psicólogo que les derivó a una psiquiatra. Pero Ona seguía igual y mentía cada vez más. Hasta que llegó el viaje de fin de curso a Londres.

—Fue el caos. Hice de todo para no comer y mis amigas se dieron cuenta.

Al volver le dijeron que iba a tener que ingresarse y dejar el fútbol. Hace ocho meses que está en el centro. Recuperándose.

Neus se presenta tímidamente, como si no quisiera molestar. Alta, muy delgada, tiene la mirada triste y habla sin apenas fuerza cuando empieza a explicar que ya en su infancia no se gustaba. Al cambiar de colegio, el problema se agudizó porque sentía que no gustaba a los demás, y ya en la ESO se fue obsesionando con sus piernas que le parecían muy gordas. La relación con sus amigas empeoró y surgió el problema con la comida.

—Entre cuarto de la ESO y el bachillerato no dejaba el gimnasio, pero no adelgazaba, así que empecé a restringir y a tirar la comida y, cuando llegué a la universidad, no encontré mi sitio.

Fue perdiendo tanto peso que llegaron las terapias, luego los psiquiatras y, finalmente, el centro, donde lleva tres meses. Añade, como de puntillas, que en el colegio era la niña perfecta, pero que en casa todo eran discusiones, y más cuando aparecieron los problemas con la comida. Tiene una hermana mayor, me dice al final. Luego se encoge en el asiento y calla cediéndole la palabra a Lucía. No tiene ganas de hablar, ni mucho más que decir. De momento.

Lucía es como un hada. Tiene quince años y una mirada dulce que emana bondad, y más cuando sonríe para disimular la tristeza que transmite al hablar.

—Mi infancia estuvo bien hasta los siete años. A los ocho empecé a obsesionarme con mi físico. Me comparaba con la gente y me veía inferior. Pero en el colegio mandaba yo, y la rabia que sentía contra mí misma la pagaba con los más débiles haciéndoles la vida imposible.

Nadie diría que tras esa apariencia angelical haya anidado tanta dureza.

En sexto de primaria se cambió de colegio y entonces fue abandonando los estudios. No se esforzaba y se sentía muy sola.

—Mi rabia la volcaba en una niña del colegio, me ensañaba con ella hasta tal punto que… —se para, me mira, respira—. Se quiso cortar las venas por mi culpa. Al año siguiente, mi rabia empeoró y la niña se fue del colegio. Yo no sabía qué hacer con mi vida. Me cambiaron de colegio y me sentí aún más sola hasta que empecé a tener los primeros problemas con la comida y a perder peso.

Sus amigos se dieron cuenta. Y se lo dijeron a sus padres. A partir de ahí llegaron el ambulatorio, las fases de bulimia y el centro.

Hay mucho más en ella, pero de momento no lo quiere contar. Me da la sensación de que está asustada, muy asustada.

Como Clara.

Ha llegado tarde al grupo y tímidamente se presenta para confesar que no tiene mucho que decir, como si ella no fuera nadie, como si, en realidad, quisiera ocultarse y desaparecer. Tiene diecisiete años, a punto de cumplir los dieciocho, edad que, solo pensarlo, ya le encoge el alma y le desata el pánico. Le aterra vivir. Es alta, delgada, femenina y delicada, con una cara dulce y bonita. «Suave» sería una palabra para definirla. Me cuenta que es la pequeña de cinco hermanos. Todos chicos.

—Era la sobreprotegida de todos y siempre me he llevado bien con ellos, incluso con todo el mundo, pero en cuarto de primaria me cambiaron de colegio y me llevaron a las monjas teresianas. Entré en un grupo de cinco chicas muy negativas. Mi mejor amiga tenía un TCA y yo empecé a imitarla. Hasta que la ingresaron en el Clínico y nos separamos. Pero yo me sentía muy sola y más los fines de semana porque mis hermanos salían o ya vivían fuera, y mi padre... —respira y lo dice flojito— es alcohólico.

Me explica que todos han sufrido por ese problema y que él ha abusado psicológicamente de su mujer y de sus hijos, gritando por la calle, insultando, atemorizando... Pero se lo perdonaban y ella empezó a sentirse responsable de cuidar a su madre. Las dos, reconoce, son muy sumisas. Hasta que todo fue a peor.

—Mi padre empezó a estar borracho en cualquier lado y a enfrentarse a mis hermanos, que tenían que ir a buscarlo allá donde estuviera. Hasta que hubo una agresión y mis hermanos

nos obligaron a irnos de casa a mi madre y a mí. Mi padre se quedó solo, sin hacer nada para curarse, e intentó suicidarse. Le ingresaron y mis tíos nos echaron la culpa a nosotros, porque mi padre dice que le hemos arruinado la vida. Nadie sabe cómo es él en realidad. Es director de un centro para discapacitados y todo el mundo ve al señor perfecto.

En segundo de la ESO, cuando ya vivía solo con su madre y uno de sus hermanos, Clara entró en una depresión.

—Le tenía miedo a todo y caí en picado. Ahora la tristeza es mi estado, donde estoy a salvo.

Ha empezado Bellas Artes. Cuando lo dice, algo se ilumina ligeramente detrás de su profunda tristeza. Como Aitana cuando habla de danza.

Las presentaciones terminan. Intercambiamos miradas. Un silencio pasa… Lo cruzo para darles las gracias.

Me conmueve su generosidad. Apenas nos conocemos y se han abierto conmigo. Son tan jóvenes, tan bellas aunque no se lo crean, tan fuertes y buscadoras; me transmiten una necesidad de ser, ellas, libres, sin esas mochilas absurdas que cargamos sin darnos cuenta y que, además, ni siquiera nos pertenecen.

—«El peso que quieres perder no está en tu cuerpo».

Leí esta frase de Yehuda Berg hace unas semanas, «curiosamente», y la comparto con ellas, que la aplauden y la comprenden. Todas, de un modo u otro, quieren quitarse ese peso de dentro, esa garrapata que oprime el alma y te impide estar en paz. ¿Por qué cargamos con eso?

El miedo. Esa es la garrapata. Adquiere forma y cobra vida en el vacío de uno mismo. Es un okupa. Allana tu morada sin que te des cuenta, y gracias a la falta de conciencia toma el poder.

—Estás vacía de ti, pero no lo sabes. La actriz Jane Fonda dice en sus memorias, que os recomiendo en la bibliografía, que «si el alma está errante podemos intentar rellenar su lugar con adicciones». Y está claro que cuando tenemos ese vacío es que está errante... Así que hay que pararse y atreverse a sentir ese aparente vacío. Digo «aparente» porque, a medida que te vas parando contigo y dejándote sentir, algo pasa... Lo descubriremos a lo largo de estas semanas. O, al menos, lo intentaremos y ese ya es un paso. Pero, para eso, es importante empezar a conocerse primero.

Les pido que recuperen las fotocopias con la bibliografía y la filmografía sugerida. La lista es orientativa, por si quieren animarse a indagar en sí mismas, y les sugiero libros como *Una habitación propia*, de Virginia Woolf, un clásico emblemático sobre el empoderamiento femenino; las memorias de Jane Fonda —que les comentaba hace un momento—, apasionante y sincera biografía de la actriz estadounidense y sus trastornos alimentarios; *Cómo ser mujer*, de Caitlin Moran, otro clásico para las mujeres lleno de sentido del humor e inspiración; y *El elemento*, de Sir Ken Robinson, que le apunté a Aitana, para descubrir que todos tenemos un don. Además, algunos *best sellers* no menos inspiradores como *El poder del ahora*, de Eckhart Tolle, cuya parte sobre el cuerpo-dolor es básica para las mujeres; *Come, reza, ama*, de Elizabeth Gilbert, historia de una periodista neoyorquina —encarnada por Julia Roberts en la versión cinematográfica— que lo deja todo para encontrarse a sí misma; y *Juan Salvador Gaviota*, de Richard Bach, un canto a la libertad.

Les propongo igualmente películas como *Días sin huella*, de Billy Wilder, un clásico sobre el alcoholismo y la voluntad para superarse a uno mismo; *La leyenda de Bagger Vance*, dirigida por Robert Redford, una maravilla sobre cómo encontrar tu poder interior y salir de tus infiernos; *El cambio*, inspirador documental de Wayne Dyer, sobre el cambio que podemos realizar en nuestras vidas; y les hablo también de una película y de un documental sobre trastornos de la alimentación que vi semanas antes de iniciar el curso.

Y ahí saltan todas. De un modo o de otro, coinciden en que esas historias no reflejan, para nada, su realidad. De hecho, consideran que no hay libros ni películas que se acerquen, en profundidad, a lo que realmente es un TCA.

Porque no es un problema con la alimentación. Es un problema profundo, escondido. Un problema con el silencio que anida en sí mismas, pero que no pueden escuchar porque hay demasiadas voces cacareando y gritando en sus vidas. La primera, la voz de su mente, incansable, que no pueden acallar por más que lo intenten, y, con ella, todo el fardo de esquemas y falsas creencias que, entre la (mala) educación y la (competitiva y falsa) sociedad, las lleva al límite de una exigencia y un perfeccionismo que dinamita sus vidas.

La báscula no pesa el alma. Si lo hiciera, evidenciaría la grandeza de estas mujeres atrapadas.

Les entrego el segundo bloque del cuestionario. Las preguntas están relacionadas con su entorno, sus creencias, su pareja (si la tienen), el amor, el sexo, los amigos y su tiempo de ocio. Les pregunto cómo les ha ido con el primer bloque.

Alguna reconoce haber contestado dos o tres preguntas nada más. Otras prácticamente lo han terminado, aunque necesitan revisarlo o rehacerlo más despacio. Pero casi todas coinciden en algo: no les gusta volver al pasado. Y menos a su infancia, a los padres, al colegio… No, no quieren, no les apetece.

Entonces, les cuento más acerca de la dinámica del curso.

—No quiero adelantaros mucho —les digo— porque prefiero que vayáis descubriendo el proceso a medida que hagamos los ejercicios, pero sí me gustaría transmitiros algo: vamos a intentar ir más allá…

Me miran.

—Escribiendo, meditando, compartiendo podemos ir hacia adentro, explorar, conocernos mejor e incluso llegar a descubrir que somos más, mucho más…

Me siguen mirando con esa incredulidad que, en el fondo, reclama certezas.

—Los espejos no hablan de vosotras. Y reconocemos lo cansador que es vivir bajo esa presión que incita a la perfección, sea por el sistema, la educación o ese juez interior que nunca aprueba. Pero se nutre de alguna herida propia, de alguna fisura que arrastramos desde muy lejos sin saberlo. Les propongo entonces dedicar momentos durante la semana a sentirse, a escucharse… A entrar en vuestro interior, en silencio, y dejar que ese yo, profundo, se manifieste, dándole tiempo para que lo haga. Tiempo para estar, sin hacer. Solo ser. Cuesta. Y más cuando la mente campa a sus anchas sobre todo cuando te paras. Pero hay que probar y, con humildad, tratar de quedarse ahí, respirando. Aunque el temporal arrecie y quiera tumbarte. Intentarlo, intentarlo y seguir intentándolo…

Parecen aliviadas cuando les hablo de ello. Como si el peso que realmente quieren perder acabara de ceder un poquito al pensar que existe la posibilidad, la remota pero factible posibilidad, de probar una nueva alternativa y permitirse no hacer, descansar, vivir y respirar, sentir para empezar a descubrir quién eres en realidad.

Qué mal estoy, joder.

Qué manera de llorar.

Qué asustada estoy.

Qué vacía me siento.

Ayer, en el centro, en terapia, me hicieron hacer una lista de todos mis rituales. Dos páginas de mierda, mierda y más mierda. Hoy me han dicho que toda esa mierda tiene que irse —valga la redundancia— a la mierda.

De repente, me han sentado a la mesa de espaldas a la puerta.

Repito, DE ESPALDAS A LA PUERTA.

Y me han plantado delante un plato con la comida toda cortada y mezclada. Todos los alimentos juntos, revueltos.

Todos los alimentos tocándose. Todas las salsas mezclándose. Todo el orden desordenado. Todo mi miedo aflorando.

De repente, me han colocado los cubiertos al revés. Me han colocado mi mundo del revés.

Me han dicho que no puedo comer sola, que tengo que comer con mis padres al lado para evitar que siga haciendo mis rituales. Esos rituales que tanta paz me dan. Esos rituales que tanta seguridad me aportan.

No puedo más. Sinceramente, no puedo más.

He estado mintiendo y escondiendo desde hace mucho tiempo. He estado jugando CON la enfermedad, y no CONTRA ella. Comiendo chicles para no sentir hambre. Comiendo galletas con sabor a cartón para no sentir miedo. Andando kilómetros para calmar la guerra que hay en mí. Haciendo siempre lo mismo de la misma manera a la misma hora y en el mismo lugar, para asegurarme de que todo estaría bien.

No puedo más. Sinceramente, no puedo más.

Otra vez llorando.

De vez en cuando mis manos paran de teclear y me quedo mirando a la pantalla, mirando a la nada y sintiendo el vacío.

Qué asco.

Otra vez llorando.

Siento que sin mis rituales no soy. No puedo seguir. Me siento vacía. Me siento sola y no lo estoy.

Sola no puedo. Ayuda. Solo quiero ser feliz.

No sé, Anna. Qué asco.

Recibo este correo de Aitana. Otro mensaje en una botella, directo del alma. Desde ella, sin pensar, le contesto…

Me permito decirle que no tenga miedo. Que su control y sus rituales necesitan salir. Que los mire, los observe y no tema.

Yo también he tenido TOC para dar y regalar. Y aún, a veces, me descubro en alguna fechoría neurótico-obsesiva. Es el miedo reclamando protagonismo. Hay que atenderlo. Es un invitado ingrato que acostumbra a presentarse sin avisar, como Maléfica en el bautizo de la princesa Aurora. Pero si te asusta, gana y te acabas pinchando con la rueca envenenada.

Entiendo a Aitana. Yo he tenido miedo hasta en las pestañas: cuando temblaba por dentro, aterrorizada, aseguraría que aleteaban. Pero, como dice una vieja parábola: «El miedo llamó a mi puerta y la confianza preguntó: "¿quién es?". Y el miedo desapareció».

Maléfica llama muchas veces, y contamina muchas ruecas, y te desmonta muchas fiestas. Pero ¿tú eres el miedo?

Aunque el miedo te paralice, le digo a Aitana, hay que intentar saltar. Atreverse. ¿Comida mezclada? Sí. ¿Cubiertos al revés? Sí. Y lo que haga falta. O al menos intentarlo. Porque controlar no significa estar a salvo. Precisamente, te salvas cuando dejas de controlar. Pero liberarse de semejante esclavitud, ya lo hemos dicho, no es fácil. Los conflictos humanos son complicados. Y los mentales llevan, además y por lo general, el suplemento de la incomprensión, de la negación, del silencio.

«Está así porque quiere».

«Esto te pasa porque no tienes problemas de verdad».

«Tonterías…».

«Un par de bofetadas y ya verías tú cómo espabilaba…».

«Es que es rara…».

Para opiniones y consejos todos tenemos el doctorado. Hasta que nos toca. Hasta que lo vivimos y lo padecemos en carne propia. Hasta que nos atrapa y nos ahoga y hay que luchar con todas las fuerzas hasta el agotamiento para salir del pozo o callar, directamente, porque te avergüenzas y temes que se descubra lo que sientes y que tengas que escuchar esas voces de fuera que siguen diciendo que «parece mentira, si lo tienes todo, no tienes de qué quejarte, ¿sabes cuánta gente lo tiene peor?» y patatín y patatán…

Oigan, los de fuera, sí, sí, los que están en las gradas echando juicios como piedras… Que una no está mal, deprimida, ansiosa, fóbica y neurótica porque un día se levanta y dice *anda, hoy no sé qué hacer, así que me voy a coger una de depresión con ansiedad y trastorno obsesivo-compulsivo y voy a dar la lata,* y llamas a Glovo, o a Just Eat, y te lo comes todo y luego lo vomitas. Que hay que ver, chatas, con el hambre que hay en el mundo y vosotras sacando la papilla.

Una no está mal porque quiere. Una está mal y aún está peor porque quiere estar bien, pero no sabe cómo. Porque cuando la oscuridad se manifiesta uno busca desesperadamente la luz, aunque no lo sepa. Cuando uno bebe, se droga, come y vomita, se autolesiona, busca una salida, una luz, porque dentro tiene un *alien* que no le deja vivir y no sabe cómo dejarlo salir. Vomitarlo. Ejecutarlo. Hacerlo desaparecer para que la ansiedad deje de doler.

Aitana, te entiendo, le escribo. Pero tu experiencia, tu testimonio, tu verdad pueden ayudar. Tú puedes ayudar. Compartir lo que sientes es bueno para ti, y para muchas personas. Para los que sufren como tú y para los que no entienden cuánto se padece si te toca una mente peleona con algún trauma de suplemento más una química poco agraciada, y resulta que eres sensible, y no muy fuerte, aparentemente, y encima sientes que nadie te comprende. O sea: jodida, sola e incomprendida.

Estupenda. Eso creen los demás, mientras te miran, con juicio o condescendencia, con rabia o con pena, y tú buscas, buscas tu alma con toda tu alma, precisamente.

Le sugiero a Aitana que exprese lo que siente, que vuelque en el papel lo que la libere, pero que tampoco se regodee ni se ancle en ello y que me escriba si lo necesita.

Gracias.

A veces me cuesta entender que no tengo que luchar, porque, para mí, mi vida es una lucha constante. Sé que debo aceptar, soltar, dejar ir, porque cuanto más luche, peor. Pero me es imposible mezclar alimentos. Me ha vuelto a salir la compulsión del tenedor y la de que, cuando me lo dicen, tengo que hacerlo tres veces más.

Meditar me asusta.

Tengo ganas de colaborar contigo, la verdad.

Perdona que mi correo sea un caos, pero mis neuronas ahora mismo están agotadas.

Las neuronas agotadas, el cuerpo, el alma incluso, que mira que es eterna, dicen, pero cuando irrumpe ese dolor, que nada ni nadie puede calmar, el agotamiento es tal que vivir se convierte en una heroicidad. No hay pastillas para calmar esa ansia y regresar a casa. La medicación, a veces, es útil y necesaria, pero el camino acostumbra a ser largo y complicado.

Aitana me manda textos que ha ido escribiendo con el tiempo. Los abro como quien desenrolla pergaminos que atesoran manuscritos sagrados. Y es que lo son.

Estoy cansada de estar triste. Cansada de luchar.

Desde la mañana ya estaba con ruido mental: había oído a mi madre hablar sobre el primer plato con mi padre y había visto el segundo descongelándose en la cocina. Dos alimentos que ya me dan miedo por separado, juntos han generado terror en mí. El pensamiento en bucle era «son demasiadas grasas saturadas que ya no necesito porque no estoy en infrapeso. Ya no quiero subir más de peso».

Comiendo el primer plato, he tenido la esperanza de que el segundo fuera distinto al que había visto. Pero no, ahí estaba. Primero me he sentido jodida. Luego asustada.

Mi madre ha intentado darme fuerzas y animar, a lo que mi enfermedad le ha respondido «déjame», a la vez que mi padre le decía «déjala».

En estas situaciones, mi padre se mete en un estado marrón (es un estado de tristeza, impotencia e irritación ante el hecho de no saber cómo manejar el verme sufrir tanto). A mí esto me provoca necesitarle aún más. Evita verme desnuda porque le resulta desagradable verme tan esquelética.

Mi madre se mete en un estado amarillo chillón totalmente contrario al de mi padre: ella está alegre, positiva, alentadora, esperanzada, porque sabe que es un bajón con solución porque estoy en Setca.

No puedo vivir sin ella. Es lo que más quiero. Es la base de mi vida, y qué poco la he visto durante mi infancia. Pero siempre tiene que llevar la razón en todo. Si se le contradice, se enfada y se niega a aceptar que estaba equivocada, aunque sabe que, en efecto, lo estaba. Cuando está decepcionada y triste, yo me siento sola, abandonada. Le puede durar días. He aprendido a ser muy prudente, a no dar mi opinión ni llevarle la contraria, y a darle siempre la razón. Evidentemente, en ocasiones se me escapa y actúo como yo haría. Será porque aún me quedan resquicios de la impulsividad y la agresividad que me caracterizaban antes del TCA. No dar mi opinión no me molesta ya que siempre es por el bien de nuestras relaciones familiares. En casa siento una presión constante por controlarlo todo con el único fin de que haya armonía y paz, o de que al menos no sea yo la que cree la guerra.

Por eso mentía cuando estaba en mi punto máximo de TCA. Sobre todo, no quería entristecer a mi madre.

Yo misma me impuse la anorexia, y hacía cosas, no para cambiar mi cuerpo, sino para que los demás se diesen cuenta de que me estaba metiendo en un lío serio. Siento vergüenza al escribir esto. Siento pena de mí misma. ¿Cómo pude imponerme algo, obligarme a ello, y ahora no poder dejarlo, aferrarme a ello? Poco a poco el parásito de la anorexia dejó de ser una imposición y pasó a apoderarse de mi cuerpo y de mi mente. No quería que nadie lo supiese, quería esconder mi malestar psicológico, pero no quería esconder mis huesos, eso sí que quería que fuese percibido por las personas que me rodeaban. Cuando iba a acontecimientos sociales (en verano, ya que en invierno me congelaba de frío y eso me paralizaba mucho) me vestía lo más destapada posible para que mis huesos se vieran. El TOC que cargaba desde mi niñez también se mezcló con la anorexia y aparecieron compulsiones para no engordar. Yo misma estaba descuidándome y buscando el cuidado de los demás. Dejé de cuidarme para que los otros pensasen que, como yo misma no sabía, ellos debían hacerlo.

Y es que, en mi mente, tengo este esquema:

Huesos = fragilidad = lástima + preocupación = sobreprotección.

El aire aún trae brisa de verano. Cierro el portátil después de escribirle a Aitana. Miro el cielo de este mediodía aún veraniego. Está tan azul… Sin nubes. Si pudiéramos tener una mente así, despejada e intensamente azulada, como el fondo de un decorado de cuento sin monstruos, ni Maléficas insurrectas…

Si pudiéramos hacer un hatillo con todo lo que nos contamina y desintegrarlo, quemarlo, o simplemente soltarlo en algún *container* del barrio para residuos altamente tóxicos aunque reciclables. Porque pueden reciclarse y servir para un buen compost que abone el crecimiento de uno mismo. No es tarea fácil: cuando estás metido hasta las cejas de toxicidad indeseable cuesta muchísimo.

Se lo digo a Aitana en el segundo correo que le he mandado. Ojalá lográramos deshacernos de esa porquería con un chasquido de dedos, por arte de magia. Esa magia, precisamente, que buscamos porque intuimos que está, que es posible, que la alquimia existe y nos puede transformar.

Pero no actúa en la transformación de nuestras neuronas de la noche a la mañana. Hay que levantarse, cada día, y poner los pies en el suelo y el alma en ese cielo, azul, que tantas veces amanece nublado para los que sufren trastornos silenciados. Y es que apenas se habla de ellos. Depresión, ansiedad, fobias, anorexia, bulimia, obsesiones, neurosis… Ante todo, callamos. Y, si toca hablar, a menudo, juzgamos…

Juzgar es el antídoto contra el miedo frente a lo que no conocemos, o no queremos conocer de verdad para no enfrentarnos a la realidad. En un sistema que impone la perfección, la chispa de la vida y la obligada e inamovible felicidad, decir que estás «mal» no queda «bien». Además, esos «males» no se ven, no se cuantifican ni se miden en ninguna de las pruebas que hoy en día nos ofrece la ciencia para escanear nuestro cuerpo. Tal vez en algunas analíticas más sofisticadas aparecerán pistas de alteraciones «químicas». O como me dijo el psiquiatra y eminente farmacólogo que me trató durante seis meses:

—Hay causas hereditarias, para toda la vida. Como la tuya.

¡Hala! Y ya te han colgado el San Benito, expresión estupenda donde las haya para expresar, entre otras definiciones, la carga de una culpa que no te corresponde: en mi caso, era la herencia depresiva de mi padre y la obsesiva/miedosa de mi madre. Un cuadro como para enmarcarlo y dejarlo en el Prado.

Pero mientras el psiquiatra-científico me sentenciaba de por vida, según él a causa de mi mezcla cromosómica poco agraciada, una voz en mi interior gritó: *No es verdad. Tú no me conoces.*

No me conocía. Ni el psiquiatra, ni yo.

Ahora sé, un poco, que aquel infierno —durante años con perspectivas de eterno— iba a ser el principio de un camino para saber quién era, pero, sobre todo, para llegar a descubrir quién podía llegar a ser. Aquella voz que gritó dentro de mí era yo. O, mejor dicho, Yo. Porque uno tiene una identidad con mayúscula en su interior solo que vive encogido, a veces anulado y ahogado, en un yo minúsculo, tan reducido que casi parece jíbaro.

El camino hacia el descubrimiento personal de quién Eres en realidad está lleno de piedras, precipicios, pozos, ciénagas y fosos que te ponen a prueba mientras buscas ese castillo interior del que hablaba Santa Teresa. Y aunque aquí no se trata de devociones eclesiásticas, sí es cierto que con la Iglesia topamos a menudo en nuestro recorrido, porque la culpa, el pecado y el castigo, junto con otras lindezas por el estilo, frutos de la educación y el sistema, nos fastidian de lo lindo a la hora de ser nosotros mismos.

¿Por qué es tan complicado? ¿Qué sentido tiene este camino que para unos es más duro y para otros, aparentemente, más sencillo? Hay ciertas explicaciones que venden las religiones en los mercadillos de absolución a buen precio, pero yo me quedo con una revelación personal que tuve una tarde, en plena crisis, lidiando entre la ansiedad y el pánico mientras me preguntaba el porqué de todo. *Buscar el sentido con la mente es como intentar oler una rosa por la oreja. Es el sentido equivocado.* Me calmó. Desde entonces, cuando a mi mente le da por ir de rebajas y meterse en todos los mercadillos de saldos, al menos sé que tengo un lugar adonde ir.

Está en mí.

O Mí.

Un Mí sinfónico, de música celestial, pero que no siempre suena afinado ni a la primera y, desde luego —al menos en mi caso—, a veces ni tan siquiera suena. Que te paras, y te pones, y respiras, y no haces, y dejas, y sueltas y… Nada. Ni dentro ni fuera. Ni sosiego, ni liberación, ni respuestas. Y tú ahí, citada contigo misma, dándote un plantón que no entiendes porque ni la voz ni la solución aparecen.

Pero la garrapata sí que está. Ahí, en el centro del pecho, a veces; o como un puñal en el ombligo, cuando no las dos juntas, que en angustias hay un surtido variado de versiones y degustaciones.

De todo esto hablamos en el curso. De lo que cuesta, cuando te ha tocado una mente de feria, encontrar cierta paz que es lo que más deseas al verte arrastrada hacia el precipicio y no poder parar la caída. Paz y también fuerza para tomar impulso y salir del abismo.

Seguimos con el curso y con un poco más de confianza, de complicidad entre todas.

Llegan tres chicas nuevas.

Entran en la sala cuando estamos empezando...

La primera en presentarse es Sixtine.

Tiene quince años. Es argentino-francesa. Su acento, particular, lo evidencia: deje bonaerense con deliciosa pátina parisina. (Podría ser el nombre de un plato de fusión francoargentina aunque, tal y como estamos, de momento mejor no hablar de comida). Dulce, amable, muy mona, con el pelo lacio, castaño claro, nariz chatilla y respingona, destacan sus ojos oscuros, profundos... Te miran con vida, penetrantes. Aunque estén tristes... Sonríe para disimular ese rincón donde oculta su melancolía. Y, sí, casi todas lo hacen: esbozar una sonrisa para maquillar el dolor con chispitas de purpurina.

—Llevo tres semanas aquí —me dice—. Tengo dos hermanas mayores. Una vive en Suiza y la otra, en Francia. Mi madre, en París, pero viene cada quince días acá.

Desde hace un año Sixtine comenzó a tener síntomas de anorexia, aunque reconoce que ha tenido problemas con la comida desde pequeña.

Sonríe y calla. No quiere añadir nada más. Parece tímida. Reservada. Es el primer día de curso. Ya se soltará, me da por pensar.

Laia interviene después.

Alta, espigada, de melena larga y oscura, rasgos amables y dulces. Me cuenta que, ya de niña, en los informes del colegio siempre ponían que le faltaba atención en clase.

—Nunca había destacado por mis calificaciones, era una más. Pero en la ESO empezó a costarme estudiar y, además, fue un curso en el que fui bastante rebelde: la liaba en clase y me acababan echando, hacía campana, fumaba... Incluso bebía con amigos antes de ir a clase o en las excursiones. Así que acabé suspendiendo nueve asignaturas en el primer trimestre. Después, al final de la ESO, cuando ya había empezado mi TCA, me centré y quise ser muy buena estudiante. Hasta hoy, que los estudios se han convertido en algo obsesivo y patológico.

Reconoce que es muy perfeccionista. Responsable, tímida y reservada. Por eso no parece estar muy cómoda cuando habla, y menos de sí misma, aunque confiesa sentirse de tantas maneras que a veces se pierde.

—No sé qué siento realmente, ni por qué. No sé bien quién soy...

No sé si hay demasiadas personas que lo sepan, me da por comentar, y todas, de un modo o de otro, coinciden en ese desconocimiento personal con el que vivimos.

El famoso «Conócete a ti mismo», inscrito en la entrada del templo de Apolo en Delfos, pretendía que el viajero, antes de plantear cualquier consulta a los dioses, investigara su propia esencia. Adjudicada a varios filósofos griegos, fue Platón quien dio mayor difusión a esta frase, a través de sus diálogos, recordándonos la importancia de mirar hacia dentro antes de tomar cualquier decisión o dar cualquier paso.

Pero han pasado los siglos y seguimos sin conocernos demasiado bien a nosotros mismos cuando debería ser la primera y permanente asignatura en el curso de la vida. En nuestro caso, les digo a las chicas, será, humildemente y solo durante unos meses, la materia principal de este curso.

Ainara es la tercera en presentarse. De pelo y ojos oscuros, rasgos delicados, emana una dulzura que perfila casi todo el rato con una sonrisa. Pienso, al mirarla, que parece un hada, como Lucía. Como todas, de alguna manera.

—Tengo quince años y vivo en Castelldefels. Cerca del mar… Estoy en cuarto de ESO, pero he tenido que parar los estudios por la anorexia.

Me dice que lleva conviviendo con la enfermedad durante los últimos años.

—Supongo que se fue desarrollando por el perfeccionismo extremo y la poca autoestima que tengo. Siempre he sido muy exigente conmigo misma y sacaba resultados muy buenos en el colegio. Cuando mis padres descubrieron que tenía esta enfermedad, estaba muy perdida y con muchos demonios en la cabeza. La verdad es que sigo teniendo una batalla campal en el cerebro que me ciega constantemente, pero bueno, creo que… poco a poco iré avanzando.

Inspira y, sin borrar su sonrisa, confiesa que tiene miedo, mucho, muchísimo, a perder el control.

—Pero, a la vez, en los pocos momentos de lucidez que tengo, quiero ver la vida sin ese monstruo que… se disfraza de mí.

«Ese monstruo que se disfraza de mí». La frase es como para enmarcarla y ponerla junto a la del templo de Delfos. O sugerirla como título para una segunda parte de la película *Un monstruo viene a verme*.

Todos tenemos monstruos que vienen a vernos y se disfrazan, sin permiso, de nosotros. Descubrirlo es un paso hacia el autoconocimiento. De hecho, creo que estas chicas, a través de sus monstruos, se conocen más y mejor que la mayoría.

Ainara explica entonces que le gusta dibujar, escribir, hacer fotos con su cámara, bailar…

—Siempre me han dicho que soy muy creativa, pero nunca me lo he creído. Estoy redescubriendo todas estas aficiones en parte gracias al tratamiento. Cuando estaba totalmente sometida al control del trastorno no me permitía poner atención en cosas que se salieran de la obsesión. Estoy… en proceso de descubrir lo que quiero de verdad. Me encantaría ver mundo, conocer nuevos puntos de vista y poder disfrutar de la vida amándome a mí misma.

El Oráculo estaría encantado.

Les agradezco a todas su sinceridad. Me conmueve que sean tan generosas y abiertas, no ya entre ellas que se conocen, algunas desde hace tiempo, sino conmigo, a quien apenas han tratado.

Mientras les entrego los dos primeros cuestionarios a Laia, a Sixtine y a Ainara, pido si alguna quiere resumirles a sus compañeras lo que hemos hecho durante las dos primeras jornadas. Carlota se ofrece. Lo hace tan bien que podría seguir con la tercera sesión, le digo. Se ríe. Bueno, al menos una risa espontánea, sin perfilador ni colorete.

Y es que, en el fondo, y en la forma, parte de las inclemencias que asolan la atmósfera de las vidas de estas chicas lleva ese gran, enorme, estratocúmulo del «gustar».

Quiero gustar. Tengo que gustar. Necesito gustar. Que me quieran, que me acepten, que me vean… ¡Oh, sí, por favor, que me vean! Que sepan que existo, que me escuchen, me reconozcan, me valoren… Y controlar, controlar todos los *likes* del mundo —que anda que nos hemos hecho una buena faena a nosotros mismos con las dichosas redes. Para atraparnos, como su mismo nombre indica—. Y si gusto mucho, y me quieren mucho, y lo controlo todo, y todo es perfecto… voy a tener un estrés como la catedral de Burgos. Y gracias a estar tan estresada, me adjudicaré también una tensión como la catedral de Santiago. Y entre una catedral y otra empezaré un peregrinaje guapo, guapo… Tan guapo como yo, que tengo que ponerme monísima, aunque me dé asco y me sienta una desgraciada porque con tanto esfuerzo para ser perfecta no logro ser feliz ni por asomo.

¡Puta angustia! ¡Puto miedo! ¿Cómo puedo quitármelo de dentro? Porque mira que lo intento… Hago rituales, conjuros, le rezo a Buda y a San Pedro… Corto la comida en trocitos *muuuuuy* pequeños; miro treinta veces debajo de la cama antes de dormirme por si el monstruo está ahí, agazapado, y aun así, no pego ojo porque a mi mente, mira tú la cabrona, le da por irse de rebajas hasta las tantas y luego, como no está satisfecha y no le devuelven el dinero, se apunta incluso a un *after* porque a ella para montar saraos no la para nadie. Y así me levanto que me arrastro, y tengo que cepillarme los dientes, treinta veces también, antes de ducharme, y ritualizar todo lo demás: el desayuno, la comida, la cena; los pasos que doy desde casa a donde sea… Que donde sea es un destino que no conozco porque solo tengo conocimiento de un horizonte llamado «control». Controlo mi peso, mis calorías, mis ejercicios, las miradas de todos y la mía, que se va distorsionando día a día hasta que no puedo más y es tanta la angustia, el pánico, la insoportable carga del ser, que me autolesiono, o me drogo, o me emborracho, o lloro o…

¡Puta angustia! ¡Puto miedo! ¿Cómo puedo quitármelo de dentro?

—Vamos a hacer un ejercicio antes de que me contéis cómo os han ido los dos primeros cuestionarios.

Me miran y ya sé que los dos primeros cuestionarios aún están por contestar en la mayoría de las preguntas, pero vamos paso a paso. «Un camino de mil leguas empieza por un primer paso», decía Lao-Tse. Y anda que no tenemos leguas por recorrer…

Las invito a sentarse, como ya saben, para meditar, pero antes les ofrezco una libreta a cada una y un bolígrafo. Sus tapas son de colores lisos distintos: verde pálido, rosa, amarillo, azul celeste. De repente, se entusiasman como niñas en el colegio al ir escogiendo cada una el color que más le apetece.

Cuando ya las tienen, les pido que dejen las libretas y el bolígrafo junto a ellas. A Sixtine, a Laia y a Ainara les digo que va a ser muy sencillo. Les recuerdo prestar atención a la postura, a la respiración, a la calma... Aitana me mira: «ya estamos», parece decirme con sus ojos abiertos de par en par que su control no le deja cerrar.

Me levanto, voy hacia ella, me sitúo detrás, y gira levemente la cabeza para decirme:

—Gracias.

—Gracias a ti por intentarlo —le susurro.

Comenzamos.

Les indico que, a medida que vayan respirando, aflojen mandíbulas y empiecen a notar su cuerpo.

Los pies, las piernas, las caderas, la barriga, la espalda, los hombros, el cuello, la cabeza...

—Bien... Y ahora dejad que el cuerpo os indique dónde hay tensión. Dónde la notáis...

Percibo cómo van descubriendo sus bloqueos.

—Cuando lo tengáis, abrís los ojos, escribís lo que sentís en el cuerpo y, luego, los volvéis a cerrar y entráis otra vez en la meditación.

Así lo hacen.

Confiadas.

Unas antes, otras después...

—Ahora, seguís respirando, notando esa tensión que habéis identificado, y a esa zona de vuestro cuerpo le preguntáis de dónde viene, cuál es su origen y qué os está contando, de qué os habla... Cuando lo tengáis claro, abrís los ojos y escribís en la libreta lo que habéis sentido.

Como en el momento anterior, todas van realizando el ejercicio.

Incluso Aitana, a quien ya he dejado de tutelar y va sola, como si ya no necesitara las dos ruedecillas de seguridad para ir en bicicleta.

Les indico que, al terminar de escribir, vuelvan a la meditación.

—El siguiente paso es que, con esa tensión y lo que hayáis visto en relación a ella, hagáis lo que sintáis para sacarla de vuestro cuerpo. Dejad que sea el propio cuerpo el que os indique cómo quiere liberarse de ello. Respirad, tranquilas, con calma… No hay prisa. Tenéis todo el tiempo para relajaros y estar con vosotras mismas. Y, cuando lo identifiquéis, volvéis a abrir los ojos y escribís lo que habéis sentido.

Así lo hacen de nuevo y, después, las invito a meditar por última vez.

La respiración debe guiarlas para que sientan, a lo largo, ancho y profundo de todo su ser, cómo se notan sin ese peso, sin esa tensión que acaban de soltar de su cuerpo y volcar en el papel. Y, entonces, libres de carga, que traten de verse a sí mismas.

—Poneros delante de ese ser liberado y abrazadlo, internamente. Íntimamente. Con calma. Tomaros el tiempo que necesitéis…

Luego, les digo, pueden ir abriendo los ojos, lentamente.

—¿Qué sienten? ¿Cómo se sienten?

Silencio… Pasan unos minutos. La tarde va ya camino de las cinco… Nos queda apenas una hora para que, quien quiera, lea lo que ha escrito.

Se abre Sixtine.

—«Al meditar encontré tensión en los hombros, en el cuello y en la cabeza. Esa tensión significa cansancio, porque en mi cabeza pasan tantos pensamientos, como una tormenta. Y cuando descanso, en realidad, todavía hay mucho movimiento ahí dentro…».

Levanta la mirada del papel, me ofrece una sonrisa de pincel fino, y la invito a seguir. La sonrisa se abre con un trazo más ancho y sus ojos vuelven a la libreta.

—«Con la tensión me gustaría hacer una bola y jugar al baloncesto con ella. Al haber abrazado mi mejor versión de mí misma me sentí más ligera. Sonreí automáticamente».

Entonces me mira, de nuevo, y la sonrisa se transforma con una amplitud de brocha. Lee entonces sus últimas anotaciones...

—«Al hacer la meditación, mi cuello y mi cabeza se volvían más y más pesados, tanto que mi cabeza se caía. Luego, al ver mi mejor versión, antes de que Anna lo dijera, me he acercado: le quería dar un abrazo tan fuerte a esa Sixtine que veía... Amarme. Sentí entonces que ese yo entraba en mí, tomaba la tensión y hacía una pelota con ella. La agarró y se fue. Mi espalda se puso más relajada».

Sixtine se levanta y me abraza. Me emociona, tanto que podría llorar, pero hay mucho que compartir con las demás.

Patri es la segunda que empieza a leer. Su texto es casi como un informe médico.

—«¿Tensión? En hombros. ¿Qué me dice? Mucho cansancio y estrés. ¿De dónde viene? De estar ayudando mucho en casa esta semana y no haber tenido ni un momento para mí. ¿Qué haría con ella? Sacarla, relajándome y descansando. El abrazo interno me da tranquilidad». —Patri levanta la mirada y luego sigue leyendo—: «He sentido mucha conexión conmigo, tanto emocional como física, y me ha llevado a mimarme y a darme ese momento que no he tenido en toda la semana».

Cierra la libreta y se encoge en su asiento. Le doy las gracias y ahora es Aitana quien se ofrece a compartir su texto.

—«¿Dónde identifico la tensión? En la mandíbula, el cuello y la cadera. ¿Qué siento? Que estoy atrapada por la monotonía y por mis pensamientos. Siento control y una hiperobservación de todo lo que me rodea. ¿Qué quiero hacer con la tensión? Quiero bailarla hasta que desaparezca y se vaya con mis gotitas de sudor». —Tras el plano de Aitana, que levanta sus ojos azules del texto, están sus zapatillas rosas colgadas en la pared. Sigue leyendo—: «¿Qué he sentido? Ilusión y aburrimiento a la vez. Y mis pensamientos acerca de ello son monotonía, con una chispa de ilusión, acompañada de una fuerte sensación de inutilidad y aburrimiento».

Me ofrece una sonrisa triste, como diciendo «es lo que hay». Le agradezco su esfuerzo. Y sigue Neus, que me sorprende porque en estas tres jornadas ha estado siempre ovillada con una manta. Ahora, sin embargo, se desprende de ella (un poco) abriéndose con su libreta para ofrecernos su experiencia.

—«Mi tensión se concentra en el cuello y en la frente. ¿Qué la provoca? La preocupación, la inseguridad y la desconfianza que siento. Todos esos sentimientos son fruto del miedo ¿Qué quiero hacer con esa tensión? Liberarme, deshacerme de ella. ¿Qué he sentido frente a la mejor versión de mí?». —Antes de leer la respuesta levanta tímidamente los ojos y me mira—. Amor.

Lo dice y me emociona. Ella también se emociona, diría. Y más cuando sigue leyendo.

—«Me he visto y me quería. Mis yos pasado, presente y futuro hacían las paces y se fundían en un mismo ser lleno de amor, cariño y calidez. —Levanta de nuevo la mirada del papel y vuelve a leer—. He sentido que quererme era posible».

He sentido que quererme era posible…

Un silencio se abre.

¿Quién nos habla de querernos a nosotros mismos? De verdad. Pudiéndote abrazar por dentro, respetándote, valorándote, sin ego. Claro que, si te quieres, ¿para qué necesitas el ego? Vivir sin máscara, ni disfraz. Sin maquillaje, ni filtros, ni *photoshops*. Tal vez la ansiedad no sea más que un puñetazo para espabilar. Te golpea, te sacude, te retuerce quitándote el aire… Pero ¿y si resulta que tiene un mensaje? Oculto en una botella, perdida en medio de tu océano que vale, sí, de acuerdo, a veces hay que bucear mucho para ir a su encuentro, pero… ¿y si fuera posible estar bien?

Lanzo la pregunta al océano y todas me miran como si emergieran del fondo de sus aguas turbulentas. Y, mientras contemplan la posibilidad, Lucía se abre a leernos su texto.

—«La tensión está en los nudillos de las manos. Me habla de perfeccionismo. De no poder equivocarme. También de inferioridad. Creer que todos pueden hacer cosas bonitas y útiles menos yo. Me gustaría descargarla a través de mis dedos, como si fuera una bruja con poderes mágicos. Y al poder abrazarme he sentido calidez. Me ha costado encontrarte, pero por fin te tengo. Te quiero. Gracias por estar allí. Es la primera vez que lo he visualizado. Y he sentido ESPERANZA con mayúsculas».

Lucía cierra la libreta. «Ya está», parece decir con su gesto. Misión cumplida.

Laia abre la suya.

—«He sentido tensión en los hombros. Lo identifico con estrés, preocupación, exigencia, perfeccionismo, agotamiento. Quiero que desaparezca, sentir paz. Me he relajado, aunque en lo último ya he desconectado, me suponía mucha concentración».

Se encoge un poco, como excusándose, y Clara me mira en ese momento para tomar el relevo.

—«Mi tensión está en las piernas y en los párpados. Es inseguridad. Por la situación en concreto: no quiero que nadie me vea y me siento observada. Miedo. Me siento juzgada. Miedo a lo que me ha conectado al empezar. Me sale el instinto de autoprotección contra la realidad, contra la incomprensión a la que no me quiero enfrentar. Inseguridad que me lleva a boicotear mi propia percepción de lo que es real.

»Me ha costado por ese rechazo que tengo a creer en estas fantasías positivas. Pero me he encontrado con esa Clara, algo así como quién me gustaría ser, y me miraba con los ojos muy abiertos, como diciéndome "estoy aquí". Era cálida. Me ha costado que me abrazase. Escuchaba una canción que me recuerda al espacio y la Vía Láctea. Eso ha facilitado las cosas. Yo era algo más pequeña que ella, lo suficiente para que me envolviese con sus brazos. A pesar de que ha sido todo muy breve y con interferencias de intentar controlar las cosas, me ha sorprendido que haya pasado tanto. Ha sido poco, pero conociéndome no me lo esperaba. He respirado más profundo de lo que me creía capaz».

Clara termina. Sonríe. Solo un poco, como si esa sonrisa no tuviera permiso todavía para ampliarse y coger más espacio contra la inseguridad. Pero algo ha empezado a cambiar… Ainara, por su parte, se entrega a leer lo que ha escrito con energía.

—«¿Dónde tengo la tensión? En el cuello, el pecho, el abdomen y la frente. ¿Qué siento? Angustia, presión, ahogo, ruido, perfeccionismo. ¿Qué me dice la tensión? Que tengo ansias de desaparecer, de libertad. Miedo a la soledad, a vivir, a que me abandonen, a equivocarme. ¿Qué quiero hacer con ella? Quiero llorarla. Hacerla una pequeña bola de papel y tirarla. ¿Qué he visto? Una rosa blanca, he sentido pureza. ¿Qué he sentido? Iluminación, calma, emoción, frescura, renovación, soltura. Te he visto. Has entrado en mí, y te he sentido abrazando mi corazón. Justo aquí. Te he visualizado con un vestido blanco. Tenías un halo de luz blanca, muy brillante, con pequeños flashes de hojas y rosas mojadas, a tu alrededor. Al verte he llorado, un llanto como de una mezcla de alivio, tristeza y alegría. Ojalá te viese más veces. Quiero verte más veces…».

—¿Y si intentamos tener más presente lo bueno que queremos que todo lo malo que tememos? —pregunto.

Todas me miran. Este es el camino que el curso puede desvelar y que hoy se han atrevido a vislumbrar al intuir ese ser que ya son en realidad. Aunque cueste, lo sabemos.

Terminamos el momento de lectura porque no todas quieren compartir sus textos.

Les entrego entonces el tercer cuestionario.

Este bloque lleva preguntas diversas. Así como el primero está centrado en la infancia, la familia, el colegio, los recuerdos, y el segundo las acerca más al mundo de la pareja, los hijos, los amigos, la política o el ocio, este tercero les plantea cómo se ven a sí mismas, cómo creen que las ven los demás y cómo les gustaría que las vieran; también, si tienen héroes, sentido del humor, si les gusta su vida y la vida y, sobre todo, abre interrogantes sobre cómo es su salud y qué hacen por ella, si les gusta beber y comer, cocinar, y qué están dispuestas a hacer para estar bien consigo mismas.

Les recuerdo que es importante responder a las preguntas con calma y que, después de terminar cada bloque, escriban un breve resumen de lo que han contestado y también de lo que han sentido. Les digo, además, que a partir de ahora, los cuadernos que les he dado pueden ser también sus diarios. O pueden tener otro tipo de libreta, si lo prefieren, para anotar sus sentimientos y vivencias.

—Hacedlo —les sugiero—. Igual alguna ya lo practica, pero tener una libreta como amiga es una relación para toda la vida. Siempre está ahí cuando la necesitas para volcar en ella lo que te pasa, lo que sientes, lo que te preocupa y lo que te alegra. Y, al escribir, liberas… No se queda en la mente. Entonces los pensamientos no te torturan tanto y, sobre todo, puedes releerlo al cabo de un rato y ver que quizá no era para tanto. Así que entre los cuestionarios, el diario y los ejercicios que vamos a ir haciendo, vais a tener el magnífico placer de conoceros… Un poco o mucho, eso ya depende de la entrega que pongáis para entrar en Delfos.

Se escuchan algunas risas. Carlota apunta que en los dos bloques anteriores hay preguntas que nunca se había planteado.

—Por ejemplo, cómo me han influido mi padre y mi madre. He descubierto que mucho más de lo que pensaba. Yo hacía deporte para complacer a mi padre, pero a mí no me gusta. Y quería ser actriz, pero me inculcaban la idea de una carrera «segura».

Rocío dice que odia volver al pasado. Lo reconoce verbalizando el maltrato de su padre. Lo ha escupido de repente, como quien suelta un estornudo y no le da ni tiempo a taparse con la mano. Pero luego pasa de puntillas y rápidamente porque no quiere entrar en el tema. Después de decirlo, se ha callado y ahora se arruga en sí misma.

Todas están cansadas del pasado, de heridas, de oscuridad; de revolver y escarbar a ver qué encuentran, a ver si se encuentran. Y es que, al final, quieren salir de esa cueva oscura para elevarse hacia las estrellas. Que ya está bien de darle poder al dolor, al padre maltratador, a la madre ausente, al profesor exigente, a los compañeros burlones o a la pareja controladora y celosa.

—¿Por qué no os dais poder a vosotras mismas? —les digo de repente—. Sí, ¿por qué no te empoderas tú? ¿Por qué no pones la energía en lo que quieres y no en lo que temes?

Me miran. Quieren creer en lo que acaban de escuchar, pero no se fían. Les digo entonces que no tienen que ser delgadas ni gordas, ni guapas, ni feas, ni triunfadoras, ni valientes, ni altas, ni bajas. Ni nada. Solo tienes que ser tú mismo, como decía Virginia Woolf.

Para terminar la jornada les leo un texto de las memorias de Jane Fonda, que sufrió trastornos alimentarios hasta pasados los cuarenta años.

—«He cometido fallos. [...]. Los fallos nos hacen avanzar. Uno no llega a ser De Verdad sin arriesgarse». —Las miro—. A ver si podemos arriesgarnos, ¿os parece?

Algunas sonríen. Otras asienten. Rocío se cala el gorrito negro hasta las cejas.

Empezamos a recoger, pero antes les vuelvo a recordar que escriban y que me escriban, que me manden no solo los «deberes», sino textos suyos que quieran compartir. Todo suma y ayuda a crear el mapa para encontrar el tesoro que, en realidad, somos. Por eso les pido que, a lo largo de la semana, además de contestar las preguntas del cuestionario, se permitan un poco de magia y se hagan una pregunta personal, a solas, consigo mismas.

—Si tuviera una lámpara mágica, ¿qué le pediría?

Tener cuantos deseos quiera...

Sixtine es la primera que aterriza en mi bandeja de entrada a media semana. Y puestos a pedirle a la lámpara, se lanza:

Ser delgada (como una modelo) y con buena salud.

Ser muy linda y muy lista para entender y lograr todo muy fácilmente.

Ayudar a mis padres a pagar todo y comprar todo lo que mi familia desee.

Que mi abuela tenga buena salud y mi familia viva mucho tiempo.

Tener un gato.

Poder hacer lo que quiera (actividades, comer...). Comer todo lo que quiera y la cantidad que quiera sin nunca engordar. Ser la más delgada de mi entorno.

Hacer el mundo mejor y que cada chica del centro se sienta mejor y pueda hacer lo que le gusta en la vida (no cosas relacionadas con el TCA).

Eliminar de la Tierra el TCA/terroristas/mosquitos/guerras.

Hablar muchas lenguas.

Viajar por el mundo (sin que el dinero o las guerras sean un problema).

Ser y hacer feliz a toda la gente de mi entorno.

Amarme.

A la lámpara yo le pediría la paz mundial.

Patri es la segunda en escribirme y a su deseo inicial le añade algunos más.

Que las batallas se conviertan en fiestas y las muertes en regalos. Que se acaben la pobreza y la desigualdad entre las personas. Que no haya castas ni diferenciaciones por su poder adquisitivo y que, obviamente, a nadie le falte un plato de comida.

Que el cambio climático termine gracias al compromiso de las personas y su conciencia por la sostenibilidad así como las enfermedades y trastornos, y los problemas importantes fueran sonrisas.

Ojalá que Jorge, mi novio, se armara de valor para dejar todo lo del pueblo y viniera aquí conmigo para poder empezar una nueva etapa de nuestra vida. Ojalá supiera mis futuros planes de pareja (si me casaré con él o no), de qué trabajaré...

Que la gente fuera clara, directa y sincera, y que no existieran las personas falsas.

Que mis abuelos y seres queridos vivieran hasta que yo me muera. Que el dolor de una pérdida humana no se viviera.

Ser millonaria para poder participar en muchas ONG, comprarme mucha ropa...

Curarme ya y saber gestionar todos los momentos siendo este trayecto una vivencia enriquecedora de la cual he aprendido.

Tener una mascota que pueda acariciar (preferiblemente un perro) y una voz bonita para poder cantar y triunfar. También aprender a tocar el piano y la guitarra.

Pediría también la igualdad de género para que las chicas podamos caminar tranquilas y sin sentirnos inferiores.

El listado de deseos que me manda Neus es breve, como ella misma reconoce:

Mi lista es muy corta puesto que contiene un único deseo: ser feliz.

Qué típico, ¿verdad? Pues es todo cuanto deseo.

Una sola palabra que abarca tantas cosas para poder ser real: el amor y el bienestar de mi familia, saber disfrutar de la vida, aprender a quererme, trabajar, tener buenos amigos… Todo esto y más resumido en una sola palabra.

Para Aitana, el primer deseo está claro:

No tener una mente obsesiva, miedosa y controladora.

Luego, entran los sueños que le gustaría convertir en realidad…

Tener muy buena técnica en baile y poder vivir de ello actuando y bailando en musicales.

Poder comer lo que quiera en la cantidad que quiera sin engordar.

Que los violadores, el machismo, el terrorismo y los tiroteos no existieran.

Viajar muchísimo.

Que el dinero no estuviese tan mal repartido. No estar obsesionada por el dinero.

Asegurarme de que nunca voy a perder las amistades que tengo ahora y que siempre me van a querer.

Que mi yaya volviera, sin estar enferma.

Que nadie se enfade conmigo nunca, ni piense que soy una pesada.

Saber más tanto de historia como de política.

Que mis padres no enfermaran nunca.

Que mi madre pudiera decirnos lo que le sucede cuando está gris.

Lucía me envía su deseo, como el de Neus, pero aún más escueto:

¿Qué le pediría a una lámpara mágica?
Le pediría ser feliz.

Clara me escribe:

Sé que es imposible y demasiado ambiguo, pero a la lámpara le pediría paz en el mundo, amor y comprensión entre todas las personas.

Perder los miedos, poder vivir, y la seguridad de tener un futuro con momentos preciosos y enriquecedores. La garantía de que vale la pena.

Llegar algún día a ser la persona que quiero ser y no perder nunca a las personas que más quiero. Garantía de que serán felices.

Y los deseos siguen llegando como si mi bandeja de entrada fuera el buzón de cartas de Santa Claus o de los Reyes Magos. En este caso, a la lámpara imaginaria, Carlota le pediría:

Igualdad de condiciones y opciones para todo el mundo y que todos encontremos la felicidad.

Acabar con la contaminación y con todo tipo de violencia.

Entenderme (ahora que lo pienso, prefiero hacerlo por mí misma y no que se me dé todo hecho, pues es guay cuando descubro cosas de mí).

Poder ser sincera, concisa con lo que siento en el momento.

Ainara me manda su lista, en la que desea:

Que papá, mamá y Aroa tengan salud siempre y que cumplan todos sus sueños.

Forjar amistades de nuevo desde la confianza y el respeto mutuos.

Dejar de ser complaciente y ser fiel a mis opiniones, ni ser tan obsesiva y extremadamente perfeccionista. Dejar también de encontrar la calma en cosas externas que me lleven a la autodestrucción.

No justificar mis virtudes y aceptar mis defectos.

Que el mundo sea un lugar justo para todo individuo porque una etiqueta no debería determinar nuestro valor ante la sociedad.

Dejar de buscar la delgadez constantemente.

Viajar mucho y descubrir muchos puntos de vista diferentes.

Volver a pintar, volver a bailar y disfrutarlo sin censurarme por el qué pensarán.

Ser yo, ser feliz.

Ona es de las últimas en mandarme su mensaje:

Si tuviera una lámpara mágica le pediría… Más solidaridad y más igualdad entre las personas; igualdad tanto de recursos como de oportunidades sin importar el origen ni la clase social ni su orientación sexual. También más conciencia por parte de todos sobre el cambio climático y el futuro que nos espera si seguimos así. Menos violación de los derechos de las personas, más libertad e igualdad de género.

En cuanto a mí, le diría a la lámpara que no me sirve, porque todas estas cosas que deseo de mí no las encontraré en ningún otro lugar que no sea en mí. Por muy mágica que sea la lamparita y por mucho que busque en el exterior.

Algunas de estas cosas son: conocerme a mí misma, aceptarme para así mostrarme toda yo ante los demás, sin ocultar esas partes que son más dolorosas para mí. Y hacer cosas que realmente me hagan disfrutar, sin importarme lo que los demás puedan pensar de mí, y hacerlo para mí y sentir orgullo hacia mí misma. Querer, quererme y sentirme querida. Cuidar, cuidarme y sentirme cuidada.

Recibo el texto de Alba a finales de semana:

La verdad es que ahora mismo no tengo ni puta idea de qué pediría si tuviera una lámpara mágica de esas. A ver, deseo muchas cosas. Deseo independizarme (es más, a ser posible deseo independizarme e irme a vivir con Alex). Deseo aprender a vivir el presente, a disfrutar y apreciar el momento. Deseo ir a clases de baile y ponerme en serio con ello. Deseo tener mucho dinero —aunque lo considere una invención de mierda— porque la triste realidad es que, en nuestro asqueroso sistema, es necesario, y así me libraría de algunas preocupaciones. Deseo que llegue el día en que no tenga que volver a Setca. Y no sé, ahora mismo no se me ocurren más cosas.

Lo que sí sé es que, por mucho que desee todo esto, la verdad, creo que no se lo pediría a la lámpara. Porque si esta me diera todas estas cosas al momento, ya hechas, perdería la gracia. Perdería mis objetivos, mis metas... Y aunque en ocasiones da una pereza de la hostia el tener que esforzarse, y aunque sea frustrante desear todo esto pero no tenerlo aún, sé que el hecho de que lo «desee», de que justamente no lo tenga todavía, es lo más vital e importante. Es al final lo que nos mantiene vivos: tener metas, aspiraciones, objetivos... Tener razones para vivir, cosas a conseguir, cosas por las que luchar. No sé...

Así que supongo que al genio, o a la lámpara, le pediría, en realidad, cosas banales, materiales. Cosas que me hicieran ilusión, pero que no considerara imprescindibles: una moto de agua, una de nieve, maquillaje caro, un Ferrari...

Me he planteado también si tal vez lo que molaría sería pedir cosas que jamás, hagas lo que hagas, podrás tener. Conversaciones, un último beso, un abrazo de los que ya no están. Recuerdos del pasado. Pero no. El pasado, pasado está. La vida es un aprendizaje y tal vez eso sería peligroso.

Hay etapas que se cierran, sin más, y aunque duela, es necesario que estén cerradas.

Y el de Claudia llega después:

En el momento que me dijeron qué le pediría a una lámpara mágica, mi cabeza no lo dudó: ENCONTRARME.

Llevo muchos años sufriendo, muchos años con esta enfermedad, que tantas veces me ha llevado a preguntarme: ¿qué hay dentro de mí, que hay que no quiero ver o me gusta tan poco que me lleva a hacerme tanto daño? De ahí mi deseo: para mí encontrarme sería el principio, sería un reencuentro, una reconciliación con aquella niña, que ahora, cuando la visualizo o intento acercarme a ella, está muy enfadada conmigo, no quiere verme, no quiere escucharme, no entiende por qué escogí este camino, pero yo necesito recuperarla, necesito pedirle perdón, decirle que la quiero y que quiero cuidarla y protegerla, necesito su confianza, necesito su esperanza y, sobre todo, necesito su felicidad.

El mismo día del curso, cuando estoy a punto de cerrar el ordenador y salir ya hacia el centro, aparece Rocío como el último pasajero en la puerta de embarque a la que accede, casi por los pelos, con su lista de deseos.

- *No tener pesadillas.*
- *Tener una casa en la playa.*
- *Que los perros sean inmortales.*
- *Viajar en bicicleta.*
- *Nadar en Honolulu.*
- *Comer los macarrones de mamá.*
- *Tener abuela.*
- *Que por las mañanas huela siempre a café.*
- *Dejar de fumar.*
- *Casarme disfrazada de Marilyn Monroe.*
- *Publicar mis diarios.*
- *Tener una hija y llamarla Martina.*
- *Hacer galletas de chocolate con ella.*
- *Tener un padre que me explique cuentos antes de dormir.*
- *Grabar un disco.*
- *Hacer un videoclip.*
- *Ir a la feria de abril con un traje de flamenca.*
- *Plantar un árbol.*
- *Subirme a una noria.*
- *Aprender un truco de magia.*
- *Saber leer las cartas del tarot.*
- *Enamorarme en París.*
- *Raparme la cabeza.*
- *Curarme.*
- *Quererme.*

Laia no me manda nada.

Los días se acortan y las mangas se alargan. Entramos en las primeras tardes otoñales, alguna lluviosa, y muchas ventosas que invitan a escribir junto a una taza de té caliente.

Las chicas hoy tienen frío, más que en jornadas anteriores, y llegan todas con sus mantas. «La felicidad es una manta calentita...», reconoce Linus, el personaje de Charlie Brown creado por Charles M. Schulz que, en la tira cómica, nunca se desprende de ella. Tal vez todos necesitemos, en el fondo, esa mantita que nos reconforta y nos da una seguridad amorosa. Las chicas, enrolladas y arrulladas por el mimo de sus frazadas, así lo destilan. Hoy no parecen tener cuerpo, ni mente, para nada.

Es una *lazy afternoon,* como reza la canción de Barbra Streisand. Una tarde de pereza, de tiempo para descansar, para sentir. Para no hacer. Les ofrezco la posibilidad.

—¿Nada?

De repente, algo se activa en ellas... Una chispa, un agradecimiento.

—¿De verdad podemos estar sin hacer?

—Pues sí. Claro. Vamos a hacer lo que el cuerpo y el alma nos pidan...

—Un masaje. —Carlota acaba de lanzar la idea—. Bueno, no sé... —Se encoge un poco, como si hubiera dicho una locura. Pero no. Qué va. Todas empiezan a despertar...

—Sí, sí, un masaje. Genial. De todas para todas.

—¿Cómo lo hacemos?

En el suelo y en redondo, así la de delante recibe de la de atrás y a su vez también da. Venga, va… Nos sentamos, nos ponemos, nos da la risa.

Al terapeuta en prácticas le da por sonreír también. Diría que empieza a acostumbrarse a esta energía femenina cada vez más desenfadada y creativa. Incluso a sentirse más a gusto que los primeros días, cuando era un observador un poco tenso y bastante serio.

Ya estamos todas, como una lombriz gigante enroscada de la cabeza a la cola. A mí me toca Carlota detrás, y delante, Aitana. Me lo ha pedido «por favor, por favor, por favor…» porque no quería lo del masaje, ni dejarse tocar por nadie, pero, al final, como sus hombros ya conocen mis manos, ha aceptado.

Pasajeros al tren… (Porque, en realidad parece como si estuviéramos haciendo el tren, solo que en el suelo y en redondo). ¡Allá vamos!

¡Qué festival! Un círculo de energía femenina, poderosa y sensible, masajeándose. Se escapan algunas risas, pero, sobre todo, brotan espiraciones de relax, de gusto, de abandono.

Me dejo… Me suelto… Disfruto. Me divierto. Y me lo permito. Sobre todo, me lo permito. Aunque solo sea por un momento, por una brizna de tiempo, por un suspiro que entra y pasa, pero aunque solo sea eso, me permito ser feliz y relajarme durante un instante.

Aquí y ahora.

Profundicemos en el instante, en el preciso y precioso instante de una respiración.

Quedémonos ahí, enraicémonos en el momento, y respiremos.

—Respirad —les digo— mientras os empezáis a relajar para recibir y dar. Y con la respiración, abriros a sentir…

Sentir. Ese verbo que tanto nos cuesta conjugar, y que tanto nos puede aportar. Es cierto que hay circunstancias complicadas. Situaciones que producen dolor, angustia, preocupación.

Momentos graves de difícil gestión. Pero si el problema está en tu mente, en tus tormentos internos, respiremos. Que la angustia se vaya con el aire… Que los pensamientos se escapen con una espiración por la ventana y se los lleve el viento.

Y en esta tarde de pereza consentida (léase «permitida», no «mimada»), nos abandonamos al regalo de dar y recibir energía y contacto. Así, las manos de Carlota en mis hombros, en mi cabeza, desbloqueando tensiones con golpecitos por mi espalda, son tal bendición que me dormiría ahí mismo si no fuera porque tengo a Aitana delante recibiendo, bastante bien por cierto, mi masaje. Es tal la entrega que no sé cuánto tiempo pasa hasta que alguna chica ya se cansa y empieza a estirarse por el suelo como si hiciera Pilates.

Cuando miro mi móvil compruebo que han pasado casi cincuenta minutos.

Nos queda una hora de curso, pero las dejo que se relajen, que bostecen, que se desparramen a lo largo y a lo ancho de sí mismas.

Según parece, la palabra que más escucha un niño a lo largo de su infancia, hoy en día, es «corre».

«No es necesario apresurarse. No es necesario brillar. No es necesario ser nadie más que uno mismo. Todos iremos al paraíso». Lo escribió Virginia Woolf en *Una habitación propia*, hace un siglo.

Mientras las chicas se van incorporando, les propongo leer un texto de *Cartas a un joven poeta*, de Rainer Maria Rilke. No conocen el libro. A algunas les suena el autor.

Les explico que se trata de una recopilación epistolar entre Rilke y el joven poeta Franz Xavier Kappus, que tenía apenas diecinueve años cuando decidió enviarle parte de su obra al maestro que tanto admiraba, pidiéndole su opinión y consejo.

Y, en una de sus cartas, Rilke le escribió:

Usted es tan joven, está tan lejos de toda iniciación, que quisiera pedirle, lo mejor que sé, querido señor, que tenga paciencia con lo que no está aún resuelto en su corazón y que intente amar las preguntas por sí mismas, como habitaciones cerradas o libros escritos en una lengua muy extraña. No busque ahora las respuestas: no le pueden ser dadas, porque no podría vivirlas. Y se trata de vivirlo todo. Viva ahora las preguntas. Quizá después, poco a poco, un día lejano, sin advertirlo, se adentrará en la respuesta. Quizá lleve usted en sí mismo la posibilidad de formar y crear como una manera de vivir especialmente feliz y auténtica.

Me miran. Se van sentando en los sofás.

—Es un poco así, ¿no? Quizás ahora os torturan las preguntas. Pero ya llegarán las respuestas...

Algunas sonríen con cierto alivio.

Hablando de respuestas, les pregunto cómo van los cuestionarios. Casi todas me miran como diciendo: «Con lo bien que estábamos...». Les digo entonces que hagan como si no me hubieran escuchado. Ya llegarán las respuestas, como dice Rilke. Me miran un tanto sorprendidas.

—Sí. Mandadme las respuestas cuando podáis, cuando lleguen... Cuando queráis.

Voy descubriendo, a medida que me adentro en el curso con ellas, que puedo llevar una carta de navegación previa, pero a la que nos lanzamos a la aventura de cada encuentro, es el océano el que determina nuestro trayecto. Aunque seguimos un itinerario, hay que flexibilizar el rumbo, dejarnos llevar por el viento. «El hombre propone y...».

La vida no combina bien con la rigidez. Cuando llega una tormenta, el roble más fuerte puede quebrarse. A un ciprés centenario de varios metros, frente a mi casa, lo tumbó de raíz un temporal de lluvia y viento. Era como un señor muy alto y estirado, firme y solemne, de poder incuestionable. Como un gobernante o un millonario a quien no doblega nadie. Pero lo tumbaron.

En cambio el bambú, con sus raíces largamente tramadas en profundidad, se mueve con las inclemencias, ligero y seguro en su flexibilidad.

Tal vez bajar al sustrato de uno mismo sea el modo de ir echando raíces, aunque no sea fácil y, mucho menos, rápido. El subconsciente tiene mucha fuerza. Pero más, la conciencia, si se practica en ella.

—Por eso meditar ayuda. Aunque no lo parezca, vas trabajando la intimidad contigo mismo, el silencio, la observación, la calma... ¿Cuesta? Mucho. Y según en qué circunstancias, aún cuesta más. Pero si cada día practicas, al final puede que, incluso, llegues a ser olímpica.

Las chicas se ríen.

—Hay que intentar, cada día, varias veces si puedes, internarse en esas profundidades.

Porque vas a ti, y en ti está lo que buscas. Esas respuestas de las que habla Rilke. Tenacidad, perseverancia, paciencia, humildad... Valores a practicar en el gimnasio del alma. Y no siempre se tienen ganas y muchas parece que no sirve de nada. Y otras, según en qué situaciones terribles, no hay paliativos, ni caminos, pero, en su caso, en cada uno de sus casos, pueden bracear para salir a flote y dejar de ahogarse en sí mismas.

Les paso entonces unas fotocopias para que las vayan ojeando.

—Pertenecen a personas, ahora conocidas, que, en su momento, no lo tuvieron fácil, pero no se dieron por vencidas. Otros, quizá, se habrían rendido frente al rechazo, pero estos personajes no perdieron de vista lo que querían.

Como Walt Disney, a quien un editor despidió por falta de imaginación y buenas ideas. Posteriormente, varios de sus negocios fracasaron antes de su primer gran éxito con *Blancanieves*.

J. K. Rowling era una madre soltera que dependía de las ayudas sociales para llegar a fin de mes cuando empezó a escribir *Harry Potter*. En 2004 se convirtió en la primera escritora multimillonaria del mundo.

A Harrison Ford, tras su primera película, un productor le dijo que nunca triunfaría en el mundo del cine. Indiana Jones llegó más tarde…

El diseñador de la aspiradora Dyson intentó 5.126 prototipos fallidos en los que se dejó todos sus ahorros. El prototipo 5.127 funcionó y Dyson se hizo multimillonario.

A Saul Below, un profesor le dijo que no tenía dotes literarias y que era un fracaso. Below ganó el Nobel de Literatura y el Pulitzer, entre otros premios.

De Fred Astaire, en uno de sus primeros *castings*, un ejecutivo de Hollywood afirmó: «No puede cantar ni actuar, y puede bailar un poco». Astaire acabó siendo una leyenda de los musicales de Hollywood.

A Steven Spielberg le rechazaron en la Escuela de Artes Cinematográficas de la Universidad de California varias veces. ¿Hace falta enumerar su filmografía?

Podemos considerar que son casos «extraordinarios»; también hay otros de personas no tan conocidas, pero igualmente memorables, que se han superado a sí mismas, que han triunfado frente a la adversidad o que han sido capaces de hacer de sus vidas ejemplos a seguir. Otros, incluso, quedarán en el total anonimato, pero no por ello son menos loables e importantes.

Y también hay personas que no lo logran. Aparentemente. Quizás, en el fondo, lo que cuenta es tu viaje, lo que haces, vives y transformas en ti, contigo mismo en la medida de tus posibilidades mientras surfeas en un mar de interrogantes.

Terminamos el curso de hoy con la entrega del cuestionario del cuarto bloque.

—Ya sé que vais a paso de dromedario… Cansado—. Casi todas se ríen—. Haced lo que podáis, pero igual resulta que os inspiráis, os ponéis y acabáis los cuatro de una vez. Al fin y al cabo, se trata de comprender que lo hacéis para vosotras. Es vuestro viaje y no es a ninguna parte.

¿Por qué no nos permitimos ser, sin más?

Intentamos complacer al resto olvidándonos de nosotros mismos.

¿Por qué tenemos esta necesidad de mostrarnos siempre perfectos?

¿Por qué tenemos miedo a mostrarnos vulnerables?

Diagnóstico: dolor. Me duele el alma y no hay analgésico que lo quite, que se lleve la tristeza, la soledad, la desesperanza, la decepción, la incomprensión…

No hay pastilla que me devuelva las ganas de vivir ni la ilusión.

Laia me manda este texto. Primera noche después del curso y aterrizan estas palabras.

¿Por qué no nos permitimos ser, sin más?

Después de haber digerido la pregunta, a la espera de una respuesta y obedeciendo a Rilke, me atrevo a contestarle a Laia. Le escribo que, desde que empecé a tener los ataques de pánico y de ansiedad, no he dejado de preguntarme «eso», precisamente. ¿Por qué hay que complicar tanto el guion? ¿Por qué la película no puede ser más sencilla y nos permitimos ser, sin más, como dice Laia?

Las chicas empiezan a mandarme sus resúmenes de los cuestionarios. La inspiración llega con el otoño, que va llenando las hojas de confesiones y creatividad. Rocío, esta vez, es la primera. Escueta y contundente, me manda solo algunas de las respuestas.

(A medida que pasan las semanas, cada vez está más claro que yo también debo adoptar la flexibilidad del bambú de la que tanto hablamos. Los tempos en los trabajos, en las entregas, las entregas mismas, no siempre completas, van al ritmo de las inclemencias personales, de los vaivenes existenciales, de las ansiedades y de los ataques. Por lo tanto, no van a estar todos los textos, pero los que estén van a ser, y son, extraordinarios).

Rocío contesta algunas cuestiones sobre su infancia y su historia personal. Ha hecho un esfuerzo para zambullirse en la memoria y rescatar sensaciones que preferiría olvidar.

Papá: No conozco a mi padre. Solo sé que le gusta el fútbol.

Mamá: Es la persona que más quiero.

Hermana: Es quien más me ha insultado.

Infancia: No recuerdo mi infancia. Quizás haya algo en mí que ha decidido olvidarla.

Pareja: Dejé a mi pareja porque me pegaba y me violaba por las noches.

Amigos: No entiendo por qué tengo amigos.

Conmigo misma: No me siento cómoda conmigo misma, esconderme bajo el edredón me parece el único sitio seguro.

Yo y la vida: Nunca me ha gustado quien soy y siempre he intentado esconderme para que no se me viese.

La vida me parece un sitio para valientes, y yo, que soy una cobarde, no encuentro lugar para mí.

Salud: Tengo problemas con las drogas, con el alcohol y con la comida.

Frente a semejante lucidez, ¿cómo puede haber oscuridad? Rocío es tan especial... Pero no se lo cree. No lo ve. Aunque su ceguera no significa que no haya luz.

La siguiente en mandarme su resumen personal del primer bloque es Ona.

Desde pequeña, mi funcionamiento está basado en la negación de todas aquellas emociones que me hacen daño utilizando diferentes maneras de desconectar de mí. En consecuencia, estas emociones no las comunico a nadie desde niña, cuando me sentía muy diferente al resto de chicas, con respecto a mi forma de ser y a mis gustos. Así, con los años, nació en mí una necesidad de encajar y mucho miedo al rechazo y a quedarme sola.

La separación de mis padres me marcó mucho. Tenía diez años, y ahora soy capaz de ver que rompió mi idea de familia perfecta y también conllevó cambios en mi vida, además de la tristeza que sentía. Pero también apareció mi defensa inhibidora de sentimientos dolorosos.

No tengo muchos amigos, más bien pocos. Con ellos tengo confianza, pero aun así, me cuesta mostrarles mis partes más profundas, lo que me hace sentir que no conecto con los demás.

Tengo mucho miedo a equivocarme y a fracasar, siento que si lo hiciera decepcionaría a la gente que me quiere y que amo.

¿El sentido de mi vida? He aprendido a no buscar desesperadamente la respuesta porque el único lugar al que llegaré será la frustración. También he aprendido que no encontraré una única respuesta, sino que, a medida que pase el tiempo, serán diferentes y las sentiré en mí ya que, constantemente, nuestras vidas y nosotros cambiamos.

Para estar bien conmigo misma estoy dispuesta a luchar de manera constante. A tener miedo, pero también a esforzarme para enfrentarme a ello. Porque sé que estar bien conmigo misma es la clave para estar bien con los que me rodean y, entonces, los miedos se harán más pequeños.

Neus me escribe un correo en el que me adjunta el resumen de sus respuestas. A diferencia del anterior, escueto, en este caso se ha abierto, entregado, e incluso se permite ironizar.

Para empezar debo decir que mi cabecita tiene a uno de los cabroncetes más grandes del mundo que ha nacido para hundirme. ¡Me siento tan afortunada!

Bromas aparte, cuando era pequeña era una de esas niñas «guais», populares. Gustaba a todo el mundo, así que ese cabroncete lo tenía difícil para destrozar mi moral. Me decía que era fea y gorda, pero no me afectaba demasiado pues tenía a casi todo el curso a mis pies, incluidos los profesores. No quiero parecer una reinona, pero así lo sentía yo. Obviamente el chollo acabó pronto. Me cambié de colegio y la gente empezó a, voy a dejar los formalismos a un lado, sudar de mi cara. Esto me sentó fatal, por supuesto, y fue entonces cuando ese pequeño cabroncete se puso las botas hasta llegar a ser el gran cabrón que es hoy. A veces me resulta difícil creer que esa voz puede llegar a acallarse o, más bien, cambiar. Me resulta tan raro pensar que puede haber algo en mi cabeza que no esté insultándome las veinticuatro horas del día... Es casi irreal, pero sé que es posible porque lo he visto. En mi hermana, por ejemplo. Veo que se quiere, veo su valentía porque tiene seguridad en sí misma. Es cierto que ahora está pasando por un momento de bajón, ¿pero quién no? Es normal, es la vida. Pero yo no siento que esté de bajón, yo siento que la vida me ha dado una hostia padre que me ha dejado KO. A veces me sorprende cómo, sintiéndome una mierdecilla, puedo pensar que a la vida le importo algo, tanto para bien como para mal. Seamos sinceros, a la vida le importa un huevo y parte del otro lo que sea de mí, o de cualquier ser, mientras sigamos existiendo y procreando. Si la vida pudiera hablar me diría: «Tranquila, que si tú no levantas cabeza no pasa nada, tengo millones de humanos que pueden darme lo mismo que tú». Así que en estos momentos pienso: «Si yo me importo un pedo, y eso por decir algo, ¡imagínate lo que le voy a importar a la vida!». En fin, me doy cuenta de que para hostiarme tengo y para un buen rato.

A veces tiendo a ser un poco dramática. No todo es malo, por suerte nací en una buena familia, casi idílica diría yo, o al menos eso pensaba. Los terapeutas se empeñan en decirme que algo malo tenía que haber en el seno de mi familia si acabé desarrollando un TCA. En cualquier caso, doy gracias al mundo por haberme dado unos padres y una hermana como ellos. Tienen sus cosillas, no digo que no, aunque es cierto que me cuesta bastante sacar sus trapos sucios. Siento que los traiciono porque han dado tanto por mí que no merecen que señale sus puntos negros. Si alguna vez leen esto creo que se van a reír en mi cara: «Ya, no quieres criticarnos, ¿eh? ¡La de veces que has utilizado esa misma boca para acabar con nosotros como si fuéramos tu saco de boxeo!». Bueno, a lo mejor tienen razón y no he sido precisamente un angelito con ellos, ni han sido flores lo que ha salido de mi boca… Pero en esos momentos no era yo quien hablaba, era mi rabia. Algo de lo que, por cierto, tengo para dar y vender.

No solo la familia, también he hecho algunos amigos que valen oro, y ahora lo veo más que nunca. Por mucho que haya querido esconderme y apartarlos, ellos han seguido como garrapatas. Ahora que lo pienso, parecía tener todas las cartas para vivir bien, si no fuera por ese gremlin que se instaló en mi cabeza. Me lo imagino como un moco pegajoso que ha impregnado toda mi cabeza, y extirparlo está siendo complicado, doloroso y veo que también va a ser largo.

Para seguir adelante, a veces me imagino cómo puede llegar a ser mi futuro, aunque a veces me cago y eso hace que me aferre más a mi querido TCA. Me cago porque no tengo ni idea de lo que voy a hacer cuando me recupere. Veo que estoy en un puente sin terminar que no me permite llegar al otro lado de la orilla, y eso me da mucho miedo. Empecé primero de Medicina y no sé si me gustó o no. Lo pasé realmente mal, pero sospecho que la enfermedad tuvo algo que ver. Lo que sí sé es que no me gustó lo suficiente como para que me motivara para recuperarme. Desde que puse un interrogante al futuro que me había planeado, he pasado cada día pensando qué podría gustarme, pasando de humanidades a teatro musical, y de estudiar diseño a no estudiar nada.

Supongo que esto refleja lo inestable que estoy en estos momentos. Aunque es cierto que ser indecisa me viene desde que tenía seis años y me pasaba una hora decidiendo qué película ver, si Cenicienta o El Rey León. Como no me decidía acababa optando por La Bella Durmiente y durante meses no había otra cosa en la televisión de casa. Se podría decir que mis padres y mi hermana acabaron un poco hasta las narices del príncipe azul y la madre que los trajo a todos. Con los años, las decisiones que tenía que tomar fueron siendo cada vez más importantes, como por ejemplo decidir qué tipo de ideales iba a tener como persona. En eso la verdad es que fui rápida, no tardé ni cinco segundos en hacer míos los principios de mi hermana. Así que, todo lo que me decía ella, yo lo repetía luego delante de mis amigas.

Es triste cuando me paro a pensar y veo lo poco que me conozco. Supongo que por eso nunca lo hago, es mejor estar pensando en calorías y estratagemas para engañar a la gente con la comida.

La verdad es que he perdido la capacidad de relacionarme como una persona de forma normal, sin estar pendiente de lo que van a pensar o de qué hacer para gustarles, especialmente con el sexo opuesto. Supongo que durante este proceso en búsqueda de la aprobación externa me acabé perdiendo a mí misma. Buscaba que alguien llenara mi vacío interno sin pensar que era yo quien debía hacerlo. No sería ningún chico apuesto de ojos grises y sonrisa traviesa el que me haría sentir bien. Tenía que ser yo...

He conocido el amor familiar y el de la amistad, que no es poco, pero me falta experimentar el amor propio. También ando algo escasa del típico amor apasionado de película. Mi último Romeo fue cuando tenía diez años, en cuarto curso, y lo triste fue que ni siquiera nos dimos la mano. No hace falta decir, pues, que de sexo sé tanto como el PP de democracia.

Más o menos estos son los rasgos de mi personaje. Confiar que el desastre andante que soy se puede arreglar, confiar que mi moco mental puede ser extraído es el acto de fe más grande que he hecho hasta ahora, puesto que no me creía una mierda la primera vez que me contaron que era posible. Pero aquí estoy, con una mano delante y otra detrás, mostrando mis miedos, mis pensamientos y una diminuta parte de lo que es Neus, una persona sin principios ni iniciativa, que no tiene nada claro, ni nada por lo que luchar, ni motivaciones, ni sueños. Bueno, sí tengo un pequeño sueño escondido que no me gusta mostrar porque me parece imposible: ser feliz.

Neus, que, hasta ahora, había sido tan tímida bajo su manta, se acaba de destapar.

Quién diría que es ella, a lo largo y a lo ancho de sí misma, dejando en el rastro de tinta sus primeras huellas, atrevidas, de personalidad, huellas en las que insiste en su necesidad vital de felicidad.

Felicidad. Dícese del «estado de grata satisfacción espiritual y física», según la RAE. Aséptico. Uno imagina que describir la felicidad implica desbordarse en adjetivos y sustantivos.

Buscando un poco más, la definición se amplía con «la sensación de bienestar que experimentamos cuando alcanzamos nuestras metas, deseos y propósitos». Encorsetar conceptos tan especiales como la felicidad, el amor, la paz, con palabras conlleva una sensación —al leer la supuesta definición— de escepticismo. ¿Realmente es *eso?*

Para estas chicas, el significado de «felicidad» no concuerda tanto con esa definición «académicamente correcta», sino más bien con una sensación de libertad, de campo en primavera corriendo a través de prímulas silvestres y amapolas sin nada que te atormente. Y es que una mente peleona, con ese cabroncete que te hace la puñeta constantemente, como decía Neus, es un gran obstáculo para ser feliz y vivir con tranquilidad.

Le contesto a Neus dándole las gracias por su esfuerzo y me entra el correo de Ainara con sus respuestas.

De mi padre me gusta que sea siempre tan atento y optimista. Sabe ver lo bueno de todo y darle la vuelta a lo negativo. Me encanta que intente distraerme y animarme con cualquier tontería. Se preocupa mucho por mí y por mi bienestar. Pero odio que a veces sea tan analítico y sobreanalice mi estado de ánimo y sus causas. Es un poco monopolizador de conversaciones y se hace un poco el sabelotodo.

Su personalidad influyó en mi sensibilidad y en mi necesidad de complacer al resto, también su buen gusto por la música y la infinita curiosidad por el saber. Y por supuesto, su perfeccionismo.

En cuanto a mi madre, me gusta que sea tan instintiva y maternal. Siempre ha tenido un sexto sentido para saber qué necesito y cómo estoy y, sobre todo, siempre sabe qué decir en el momento adecuado. Aunque odio que sea tan orgullosa a veces. Cuando quiere tener razón, se niega a no poder tenerla. Eso hace que choquemos un poco. Me ha influido siempre con su cercanía y su amor cálido conmigo. Ahora soy más empática y sé ver qué les pasa a los demás y cómo ayudarles gracias a ella. También tengo su gran orgullo. Supongo que querer estar a su altura para agradecerle todo me hizo también activar ese perfeccionismo que me define tanto.

De mi única hermana, Aroa, que es la menor, me encanta su seguridad, su firmeza y su fortaleza frente a los demás. Es algo que aspiro a tener también. Pero de pequeña le tenía muchos celos porque era mucho más bondadosa y obediente. No soportaba que fuese mejor que yo y que mis padres le prestaran tanta atención por ser la pequeña. Sentía miedo a que la antepusieran a mí por ser más perfecta. Creo que por eso me volví más orgullosa y poco agradecida.

Y es que, desde muy pequeña, me marcaba cada comentario que me hiciesen o por el cual me sintiese aludida, ya fuera de mi familia, mis compañeros y amigos, o de desconocidos. Empecé a obsesionarme con ser la niña perfecta con la que todo el mundo quiere relacionarse, adora y envidia. Pensé que mis problemas se esfumarían y la gente me daría su atención sin tener que llamarla. Quería dejar de ser la niña egoísta, estúpida e irritable que siempre he creído que soy.

Lo único que realmente disfruté durante casi toda mi infancia fue el baile. Pasé por danza clásica y me quedé en la urbana. Quería ser bailarina, me apasionaba tanto que quería seguir y seguir aprendiendo. Después quise dedicarme a algo artístico, primero arte plástico, pintar y dibujar; más adelante, la escritura en el periodismo o creatividad publicitaria. Pero nunca he creído que valiera para nada creativo.

Desde pequeña sé que me gustaría formar una familia y mudarme frente al mar, viajar por el mundo y visitar mil sitios diferentes. Realmente sigo manteniendo estos sueños...

Existe un mundo, un universo interno. Te zambulles en él y es un océano de profundidades inalcanzables. En él hay miedos y hay sueños. Deseos y ansiedades. Los temores son restos de viejos naufragios. Los anhelos, guías para emerger hacia la luz.

Derivamos angustias y rescatamos ideales en el intento, tantas veces agotador, de nadar hacia ese lugar donde nos acoja la calma después de muchos temporales.

«No sabe la ola que es océano», decía un maestro hindú. Primero hay que saber que eres ola... Que estás hecho de agua y de sal, y te mueves, oscilas, de aquí para allá, del fondo a la orilla, de la profundidad más íntima con el mar hasta la arena que te lleva a la tierra.

Anidar y volar, constante dualidad. (Aunque, a veces, a la tierra y al cielo se les suma el infierno... Y bajas más, mucho más). Cuánto trajín de *ahora voy y ahora vengo*, como un Sísifo condenado a la carga de lo eterno.

A veces somos menos que humanos. Otras, casi divinos. Y en esta esquizofrenia deambulamos. Apenas me entiendo y no sé si comprendo. Cuando el miedo me atenaza, no solo tiemblo. Me paralizo. Y todo mi cuerpo lo hace, incluso mi alma (a la que no ubico). Y entonces, cuando eso pasa, hay a quien le da por beber, a otros por fumar, a otros por follar. Algunos beben, fuman, follan, todo junto, e incluso añaden sustancias más tóxicas. Otros gastan dinero, se vuelven agresivos, juegan con el peligro, comen compulsivamente, hacen deporte de forma adictiva. Y hay quien se autolesiona, vomita, se agrede, e incluso…

Cuando el vacío se vuelve terror, hay seres a quienes no les sirven ni olas, ni océanos, ni hostias. Lo que quieren, lo que anhelan con toda su desesperación, es erradicar esa sanguijuela que chupa la vida a cada paso que intentan dar.

Y, a veces, aun intentándolo con toda su alma y toda la ansiedad, el vacío es un abismo y el vértigo es tal que uno no lo puede controlar.

Sixtine me manda su texto, en el que se sincera.

A través del cuestionario he descubierto que no estoy tan feliz.

También que me odio y que soy un peso para mi familia aunque mi enfermedad y yo queramos ser lo contrario.

La primera entrega del cuestionario, sobre la infancia, me costó.

Me imaginé una conversación conmigo…

Yo de pequeña: A mí me gusta el chocolate.

Yo de ahora: ¿Pero no te daba miedo?

Pequeña: ¿Por qué tendría miedo a algo que ni se mueve, que es riquísimo y que, además, me hace feliz?

Ahora: ¿Eres feliz?

Pequeña (sin dudar): Pues obvio, ¿por qué no lo sería?

En la segunda entrega del cuestionario descubrí que era egoísta. En unas preguntas mi TCA habló mucho, me dijo y, lo sentía, que era una caca que no servía para nada, una flojera. Pero, al final unas preguntas fueron muy como de «guau, tengo mucha suerte».

La tercera y la cuarta entrega fueron las que menos me gustaron y las que hice más rápidamente porque la enfermedad fue la única que estaba en ese momento. Además me di cuenta de que me odio, de que no me acepto y eso me hizo sentirme peor.

Esta primera fase fue muy importante porque me descubrí, y sobre todo descubrí, leyendo mis respuestas, a mi TCA. Pero, al mismo tiempo, me hizo odiarme más.

Llega el correo de Aitana. Su texto es extenso, como si necesitara dejarse curar por las palabras expresadas. Ha escrito y escrito, y escrito más, sin límites para soltar este vómito, sano en este caso, liberador, literario.

Al ponerme a escribir el resumen de las preguntas he sentido una sensación extraña, como una «pereza» al tener que ahondar de nuevo en mi pasado y en lo que siento hacia mis padres o hacia la vida. Creo que más que «pereza» era miedo.

Me he puesto a hacerlo como a regañadientes, pero también mal porque el taller de escritura me gusta mucho.

Al ver que no me salía nada (gracias, perfeccionismo, por acompañarme cada día), ha llegado mi TOC y me ha dicho: «¿Por qué no haces una lista de ideas? Adoramos las listas, ¿recuerdas? Vamos a poner orden al barullo de pensamientos que vuelan por tu cabeza».

La idea de orden me ha cautivado, así que me he puesto a hacer una lista de todo lo que se me ocurría en referencia a los temas que trataban las preguntas del cuestionario.

PAPÁ: Miedo a su agresividad e irritación. Admiración. El cambio que ha hecho desde que yo era pequeña es admirable. Ahora me escucha e intenta comprenderme, me apoya, me pregunta sobre mis sentimientos y es paciente conmigo. Empezó a decir «te quiero» gracias a mí. Cuando yo nací, mis padres hicieron un pacto: mi padre se encargaría de mis preguntas y mi madre de mis sentimientos.

Gruñón y victimista, piensa que mi madre y yo formamos un equipo en contra de él. Divertido. Recuerdo reír con mi padre y llorar con mi madre. No soportaba que yo llorara o me comportara como una niña, pretendía que mostrase un nivel de madurez que no me tocaba. Me encanta lo que expresa cuando se siente orgulloso de mí.

MAMÁ: Paciencia, comprensión, empatía, generosidad y cuidado. Siempre vive por y para los demás, sin tenerse en cuenta a ella. Sobreprotección. Dependencia. Mi madre me sostiene a mí y yo la sostengo a ella. Mi estado de ánimo varía dependiendo del suyo. Siempre estoy pendiente de ella, de agradarla y complacerla.

Mi anorexia es como un «regalo de amor» que yo le hago a mi madre. Si yo estoy mal, triste, preocupada, decaída, ella está superpositiva, cariñosa, resolutiva.

En resumen, mi enfermedad es la búsqueda de su buen humor y de su cuidado.

De pequeña siempre la idolatraba y quería ser como ella y destacar por ser guay. Me sentía sola pese a estar acompañada. Sentía la soledad a la vuelta de la esquina, ya que un día podía estar en un grupo de amigas y al otro encontrarme sola dando vueltas por el patio y arrastrando un dedo por la pared.

Quería ser azafata porque me gustaba volar...

Y, aunque no creo en Dios, sí creo en el universo o en una fuerza que mueve nuestras acciones y nuestros pensamientos. También creo fielmente en el karma (aunque creo que el karma es mi TOC).

AMOR: Miedo. Virginidad, inexperiencia, vergüenza. Cuanto más mayor me hago, más virgen soy.

Quiero tener hijos, pero la idea de parir me aterra. Siempre he dicho que quiero adoptar ya que hay muchos niños en el mundo sin padres y sin amor, pero la realidad es que me da mucho miedo el parto.

También me da mucho miedo pensar que un día no tengamos suficiente dinero. Intento ahorrar. No me permito muchos caprichos ya que creo que no necesito nada y prefiero no gastar dinero. Me siento muy egoísta al escribir esto.

AFICIONES: Bailar. Cuando el cuerpo baila la mente olvida. Me apasiona. También viajar. Siento mucha curiosidad por otras culturas. Y dibujar, pintar y hacer collage. Todo lo que es creativo me atrae. Ordenar. Puro reflejo de mi TOC, pero adoro ordenar los cajones y armarios y luego enorgullecerme de lo bonitos que están.

AMISTAD: Antes un dolor de cabeza, ahora una satisfacción. Agradecimiento infinito a las amigas que tengo y lo cuidada que me siento por ellas. Tengo mucho miedo a perderlas, a que se enfaden conmigo o a que piensen que soy aburrida.

YO: Obsesiva. Entro en bucle con mis pensamientos, de manera que se hacen más grandes. Soy miedosa. MUY miedosa. Tanto que hago compulsiones inútiles para controlar lo incontrolable. Tengo mucho miedo al descontrol. Pero soy afectiva, cariñosa, empática y dispuesta a ayudar.

Esperanzada y pesimista. Siempre me aplico la ley de Murphy: «Si algo puede salir mal, saldrá mal». Anticipadora. Vivo en el futuro. Me preocupa qué pasará, cómo pasará y cuándo pasará.

Palabra favorita: fragilidad.

Líder. Me gusta «mandar» (siempre asertivamente), ya que eso supone tener control y evitar el descontrol. También soy cotilla, porque siento la necesidad de saberlo todo por el mero hecho de controlar lo que sucede a mi alrededor.

Miedo a que los demás piensen que soy pesada, pero, como siempre digo, «también es muy cansado tenerme a mí dentro de mi cabeza».

Dice la terapeuta y nutricionista Lidia Blánquez que «a la mente hay que darle órdenes a veces para que te deje en paz y vea quién manda en casa, pero con mucho amor porque si no se enfada y es peor. Es, literalmente hablando, como una niña pequeña que reclama tu atención para sentirse la protagonista de la fiesta todo el día».

A las mentes insurrectas que desafían las leyes de la gravedad —«gravedad» de «grave», o sea, «dramático»— hay que darles muchas órdenes, con toneladas de amor y, aun así, estar a la que salta porque, en cualquier momento, frente a cualquier circunstancia, puede ser que Madame La Peleona se ponga rebelde y le dé por tocar la flauta, y las narices también, cuando nadie la ha invitado a amenizar la fiesta. O sea que si tienes una mente «Morena mía» que «te toca y te provoca, te muerde y te destroza», faena no te va a faltar.

Pero en ese trabajo, personal y cansado, puede que descubras un lugar de ti misma insospechado, tranquilo, incluso paradisíaco...

Llego al curso con tiempo, el suficiente como para que Claudia me cuente *off the record* lo mal que está y nos sentemos un momento a hablar, antes de empezar. En ese momento me transmite su ansiedad, su miedo, su dolor. Y su lucha. Para erradicar el ahogo, la insoportable gravedad —dramática— del ser que la atenaza y que la lleva a no poder, no poder más...

—¡Para! —Se lo digo de repente. La exclamación me sale como si acabara de lanzarle un salvavidas a la cabeza para que no se ahogase más. A ver quién manda en casa. Por muy insurrecta y peleona que esté, esa mente necesita una orden de alejamiento. Y de aceptación, también—. No luches... Suelta. Deja. Cuesta. Lo sé, lo sé, lo sé...

Claudia me mira. Comprende. De repente, comprende. Lo veo en su mirada. Es como si algo acabara de encajar de golpe, o se acabara de instalar. Un nuevo programa. Pero no es fácil, para nada. Se lo digo y lo repito. No dejo de repetirlo. Ahora lo instalas, y al momento siguiente, ¡hala! Entra un virus y se vuelve a desintegrar.

Lo ideal sería llegar a vivir sin programa. Sin miedos, ni creencias limitadoras y falsas, con una mente despejada, sin censor ni juez, para ser quienes somos en realidad con todo nuestro potencial. Y libres.

Cuando entramos en la sala, ya están todas acomodadas.

Buenas tardes, ¿cómo estamos? ¿Cómo tenemos los índices de miedo, de ansiedad, de control, de asfixia vital? ¿Cómo llevamos las restricciones, los vómitos, los atracones, las lesiones, la historia de siempre que parece que se repite y no tiene final? ¿Y cómo soportamos esa anormalidad permanente, integrada en la supuesta normalidad, para fingir que estamos bien, dentro de lo que cabe, cuando en realidad, nada te cabe porque quieres estar como un esqueleto y te ves gorda gordísima y te odias y te desprecias por no estar lo suficientemente delgada para que todo el mundo te quiera, te admire y seas la reina y el centro del universo?

Cuando las miro siento algo... un vínculo sincero con ellas. Están metidas en un buen lío, una madeja llena de nudos que solo con mucha paciencia se puede desenredar.

Todo está al revés.

Parece mentira que pudiendo tener un mundo en paz siempre haya guerras, que pudiendo hilvanar linajes de amor pasemos por un encadenado de agravios y heridas de generación en generación, con un sistema y una educación que van inoculando miedo como veneno.

El miedo bloquea. Y la rigidez, fruto del miedo, desencadena los TOC, el control, el perfeccionismo, la ansiedad. Pero estas chicas, aparentemente rígidas, son bambús fuertes y flexibles aunque, de momento, solo sus sombras se manifiestan cuando pasan por la luz que emana su esencia.

Nos acomodamos en la tarde de este otoño que ha dejado atrás las lluvias para volver al calor de un veranillo de San Martín un tanto precoz y que nos hace, incluso, abrir un poco las ventanas de la sala porque el sol, ahora mismo, da de lleno y calienta.

Valoramos cómo ha sido el proceso de esta primera etapa con los resúmenes de los cuestionarios.

Casi todas coinciden en dos aspectos. El primero, que ya han ido evidenciando a lo largo de las sesiones, es el rechazo a volver al pasado. Todo lo que signifique hurgar en infancia, recuerdos, familia, colegio y demás rincones de la memoria, donde las telas de araña hayan tejido sus tramas, es «un coñazo».

Y hablando de la parte íntima femenina que se deriva de la expresión, entramos en el segundo tema un tanto incómodo, también delicado, para ellas: el sexo. Uno de los apartados que más les ha costado tratar. Así que vamos a entrar en ello.

Charlas de sexo en una tarde de otoño. Bonito título para lo que sea.

Para muchas el sexo es «ese gran desconocido». La mayoría son vírgenes. Y las que no, tampoco es que hagan la ola en su particular océano de intimidad sexual. Coincidimos en que el sexo es un universo por investigar. Sobre todo por la mala educación que arrastramos. Y el porno, hoy en día, no es que ayude demasiado.

—Y menos todavía para las mujeres... —comento.

Todas estamos de acuerdo. El sexo no es dominación, sumisión, control. No es uso ni abuso, por supuesto. Es intimidad, conexión, conocimiento, propio y del otro. Lo dicen ellas, en comentarios al aire que destilan su poderosa intuición femenina. Y consideran que no hay que estar «enamorado» para intimar. Pero sí que debes amarte tú y saber que aun siendo solo un revolcón, un deseo con pasión, son dos personas que se encuentran e intercambian su energía, sus emociones y sensaciones, y en ese encuentro nadie está por encima de nadie.

Hablan de respeto. También de amor, de sentimientos... El placer, el orgasmo, el «poder sexual», apenas se mencionan. Como si fueran conceptos con más testosterona que otra cosa y no encajaran en el primer intercambio de ideas que estas chicas suscriben.

Diría que «experimentar» es el verbo principal. Sentir, también. Y algo se conecta entre nosotras como mujeres.

Les pregunto entonces: cuando algo les provoca miedo, estrés, tensión, ¿qué es lo primero que aprietan y cierran en su cuerpo? La parte de abajo, reconocen. Bloqueamos, sin darnos cuenta, nuestras caderas, nuestro vientre, y el sexo, por supuesto. Y ahí, donde contraemos por miedo, está la fuerza. Las invito entonces a hacer un ejercicio. Vamos a empezar con una meditación.

—La meditación del coño. O *pussy meditation*, si preferís, que queda más elegante.

Se ríen. Todas están intrigadas. El terapeuta diría que se sonroja y sonríe para disimular una ligera incomodidad, pero también le intriga lo que vamos a hacer.

El ejercicio es meditar primero y luego describir la experiencia en el papel para compartirla después. Pero antes les explico que observen, con detenimiento, cómo aprietan esa zona baja: coxis, cadera, lumbares, sexo, bloqueando su energía vital sin darse cuenta. Es importante descubrirlo. No tenemos la práctica, pero con este ejercicio igual van siendo un poco más conscientes de la tensión que acumulan en esa zona.

Así que vamos a comenzar…

Cogen sus libretas y luego se sientan con la espalda recta, la base bien colocada, relajan hombros, mandíbulas y cierran los ojos para respirar con conciencia y con calma. Incluso Aitana, que cada día se resiste menos, lo hace. Y, a medida que se van entregando a ello, les indico que empiecen a notar la base de su columna donde están ahora mismo asentadas. También por delante, en la zona del pubis. En realidad, toda la zona baja enmarcada por las caderas. Ahí, en ese punto de sí mismas, hay como un cofre… un cofre de energía. Les pido que lo visualicen y que lo sientan. Es como un caldero en ebullición. Y con cada inspiración consciente, esa energía, ese calor, esa sensación en la base del cuerpo, hay que subirla…

—Inspiramos y… hacia arriba. Toda la energía sube desde el pubis por la columna y, cuando llega a la cabeza, dejamos que salga, que se expanda… Y luego, otra vez hacia abajo… Es circular. La energía sube y luego baja para volver a subir. Como una fuente. Cada vez con más impulso y energía. Y cuando la sentimos abajo, notamos esa fuerza, ese poder…

A medida que lo hacen, les indico que, además, inspiren por la nariz y espiren por la boca, dejando salir el aire, y, al cabo de varias respiraciones consecutivas, les sugiero que tanto la inspiración como la espiración sean por la boca, si pueden. Les cuesta, pero lo intentan…

Carlota se suena en ese momento y el ruido provoca que alguna de las chicas abra los ojos, pero les recuerdo que se concentren en sí mismas, en su respiración, no en el exterior. Carlota me musita un «lo siento» y yo le susurro que no pasa nada. Que retome la práctica.

A partir de aquí, cuando el ejercicio se va asentando, les digo que pueden ir escribiendo lo que están sintiendo en sus libretas, cuando quieran, cuando el impulso de plasmarlo se vuelva necesario. Después de un rato, cada una, a su ritmo, empieza a hacerlo. Algunas parecen haberse enchufado con la divinidad literaria porque no pueden parar. Cuando terminan y están dispuestas a compartir su experiencia, iniciamos la ronda de lectura.

Sixtine es la primera en decir que, al comienzo de la meditación, se veía «gorda, fea, con mucha grasa» y que lo que quería era que los demás la vieran «normal, delgada y poderosa».

—«Pero al hacer la *pussy meditation*, empecé a sentirme relajada, ligera, aunque tenía la cabeza pesada. Pero, cuando pensaba, los pensamientos se iban rápido. Al final, me sentí vacía en la cabeza».

Sixtine cierra su libreta y sonríe. Le ha gustado mucho, dice.

Patri es la siguiente en compartir su experiencia.

—«Al practicar la meditación, he notado mareo al respirar profundamente y abrirme. Luego, mientras seguía, ha llegado una tranquilidad absoluta. Con la vida en general y conmigo. Con todo esto he sentido un vacío que me hacía ver algo y me ha conectado con el que he sentido durante toda mi vida. Pero si lo pienso, hoy ha sido diferente. Ha sido un vacío que no me transmitía soledad sino tranquilidad, porque me sentía a mí misma. En esa paz que me hacía visualizar la nada estaba Patri. Ha sido estar conmigo, sentirme, tenerme. Por eso me ha provocado tranquilidad, porque aunque no haya nada, estoy yo».

Patri levanta un momento la mirada del texto. Me comenta que es un poco largo y pregunta si puede seguir leyendo… Por supuesto.

—«Me parece mentira lo que estoy sintiendo. Me emociona pensar en dos meses atrás cuando me sentía tan vacía, sin nada que aportar a los demás. Y, ahora, estoy llena de positividad y de energía. Siento que me tengo más a mí, más a esa Patri escondida que hibernaba por todo su pasado. Su despertar me llena, hace que mis defectos de rigidez, poca tolerancia, mucho carácter, disminuyan para dejar de actuar desde un punto de vista oscuro, negativo, y darle la vuelta a la tortilla. Joder, si alguien pudiera estar dentro de mí y sentir lo que siento, el subidón que me está cogiendo…».

Patri vuelve a levantar la mirada del papel…

Me atrevo a decirles que ahí, en lo que Patri y también Sixtine acaban de expresar, está esa fuerza de la que hablamos, la que buscan, la que todos, de un modo u otro, buscamos y que tantas veces bloqueamos.

Sixtine levanta la mano. Quiere hablar sobre el sexo.

—Es que creo que es algo deseado por los humanos, algo que uno quiere, y, por un lado, me parece que es… como un símbolo de poder porque se puede decidir cuándo y con quién quieres hacerlo y cuándo y con quiénes no. Pero también es algo de personas sometidas, que se someten a la pareja aunque no les apetezca. Así que me pregunto si el sexo tanto puede ser poder como *impoder,* o sea, no tener poder…

Según Sixtine, es una especie de indicador de la personalidad de cada uno: podemos ver quiénes tienen un fuerte carácter, los tímidos, los introvertidos, los extrovertidos… El sexo, para ella, es una manera de liberarse, de mostrarse y compartirse con un ser amado o con una persona desconocida, y puede ser un momento mágico o un momento horroroso.

—Es maravilloso porque da la vida, pero al mismo tiempo, por falta de poder, puede ser un infierno que te la quita, ¿no?

Me mira. Pienso en Rocío. En ese novio que la violaba mientras ella dormía.

Hoy Rocío está encerrada en sí misma bajo su frazada. Pero, de repente, como si se conectara a la energía que le acabo de mandar al pensar en ella, se incorpora y suelta:

—Yo he sentido excitación con la meditación. Como si… me hiciera el amor a mí misma.

Entonces, resuelta, coge su libreta para leer algo que ha escrito en forma de poema.

—«¿Qué es el sexo?

Mi sexo es tuyo.

Así que dime tú, qué es.

Tú que tanto lo ves

Tú que me lo has robado en sueños

Yo, dormida con lorazepam, con los ojos cerrados

Desconectada y muerta

Cómo voy a saber qué es.

Mientras tú te apoderas de mi cuerpo

Yo solo tengo pesadillas

Y me despierto con miedo, confundida

Desnuda y sucia de semen

Preguntándome cuál ha sido realmente la pesadilla».

Un silencio solemne se instala. Rocío me mira. Disfraza su dolor con una sonrisa y yo querría levantarme para abrazarla. Nadie dice nada y es necesario dejar este espacio, aparentemente vacío porque no hablamos, pero tan lleno…

No dejo de mirar a Rocío agradeciéndole su verdad, su valentía, cuando Aitana interviene.

—Yo… quería decir que estoy muy extrañada porque… me he sentido sexi, y eso es raro en mí. —Pone una cara, divertida, que despierta unas risas, incluso en Rocío, a quien no dejo de mirar y admirar por su autenticidad y ese modo tan personal y poderoso que tiene para crear. Parece mentira que no vea su luz y su grandeza, esa genialidad que, en el fondo, todas atesoran aunque no se den cuenta. Todavía…

Aitana pregunta si puede leer lo que ha escrito.

—Claro —le digo.

Se adentra entonces en su libreta…

—«¿Sexo? ¿Qué es eso? ¿Se come? Porque si se come me gusta aún menos…».

El comentario despierta varias risas y algún aplauso espontáneo.

—«Bueno, la verdad es que me asusta. Realmente no sé qué decir del sexo porque es algo desconocido para mí. Tan desconocido, que cuanto más tiempo pasa más miedo me da. Pero ese miedo no me lo he infundido yo, ese miedo me lo inculca la sociedad con la mierda de "perder la virginidad". Ese gran qué. ¿Qué? ¿Que si no he perdido la virginidad a los veinte años voy atrasada? Pues soy la reina de las atrasadas, porque ni la he perdido, ni veo una pérdida inminente. Normalmente me dejo llevar por esa construcción social de la virginidad y me enfrasco en pensamientos como "madre mía, cuanto mayor me hago, más virgen soy" o "cuando me toque perder la virginidad, el tipo va a flipar porque me lo va a tener que enseñar todo". Y entonces empieza el automachaque de "nadie va a querer hacerlo conmigo porque vaya coñazo que yo sea virgen, el pobre se va a aburrir y va a pasar olímpicamente de tener que desvirgarme". Y ahí estamos. Total, que prefiero no perder la virginidad si va a suponer tanto. Aunque imagino que cuando conozca a la persona adecuada todo esto cambiará y descubriré en el sexo un nuevo mundo… Pero, de momento, no me llama nada la atención. Ni sexo, ni masturbarme, ni nada. Eso sí, de sueños eróticos estoy servida. Qué coñazo».

Más aplausos.

Algunas chicas del grupo confiesan no haberse masturbado nunca. Claudia no se lo cree. Incluso se muestra un poco arisca.

Masturbarse, opino, no solo es darse placer, también es conectar con una misma. Descubrirse, conocerse. Te vas adentrando en ti y, si lo haces con calma y conciencia, la energía del orgasmo puede darte fuerza. Reconectarte.

Carlota interviene: ha sentido orgullo de sí misma, dice, y poderío con la meditación.

—«Cuanto más respiraba, más me sentía capaz de cualquier cosa. Era algo así como: mírame, soy Carlota Vicente, más que suficiente…». —Deja de leer y se ríe—. «También he sentido placer».

Reconoce, sin embargo, que al compartir esto con el grupo, le ha entrado vergüenza. No quería hablar porque creía que las demás se habían molestado por haberse sonado. Entonces ha querido desaparecer porque sentía que sobraba.

—Pero necesitaba compartirlo porque me he sentido muy bien meditando, aunque el miedo me ha invadido, y cuando he acabado lo único que quería era salir de aquí, irme por esas «lecturas de mi mente». Pero ya está.

Sonríe.

Ainara levanta la mano. Dice que, como Aitana en cierto modo, el sexo siempre ha sido una presión para ella.

—Era algo que debías hacer, no importaba con quién, ni dónde, ni cómo, pero cuando lo hicieses, debías gritarlo a tus amigas a los cuatro vientos. No sé si esperaba que diesen un trofeo. O una medalla. Pero tenías que hacerlo, para ser guay, para no ser *la virgen.*

Entonces nos cuenta que, al meditar, ha recordado que, en sexto de primaria ya tenía la etiqueta de «la que se va a quedar sola viviendo rodeada de gatos» porque no mostraba interés por las relaciones.

—Me gustaban algunos chicos, pero no me veía preparada para decirlo. Siempre me anulaba pensando que ellos nunca me querrían, que se iban a burlar de mí si lo decía. Llegué a pensar que yo era un fracaso porque a los dieciséis se acercaban y yo seguía siendo virgen. Desde la preadolescencia corría un bulo por el colegio que decía que no podías acabar virgen antes de cumplir los dieciséis. Y muchos de mi alrededor habían dejado de serlo. Me apretaban: «¿Cuándo la perderás?», «Te tendríamos que buscar un novio ya...». Y yo, como una tonta, me lo creía. Era la mojigata aburrida que no es capaz de gustar a un chico, o de ser sexualmente atractiva. Pero... es que no estoy preparada.

Necesita liberarse de esa carga y la acaba de expulsar. Otro peso de la mochila, aire en realidad, tonterías que nos creemos a pies juntillas, desgraciadamente. La creencia es lo que pesa. Sin ella, un absurdo como la virginidad y su fecha de caducidad no se llegaría ni a plantear.

Ainara quiere que el sexo sea algo que disfrute, algo íntimo, sincero, que no implique la opinión de los demás.

—Conectar con alguien que quieres de verdad. Alguien a quien yo quiera. Y disfrutarlo porque quiero. Sin vergüenzas ni presiones.

Y, al evocar todo esto, después de la meditación, ha escrito un texto:

—«Quiero decir, a todas las personas que se han sentido menospreciadas por la simple etiqueta de no ser sexualmente activas, lo siguiente: ten presente que tu valor no está determinado por ello. Y te lo dice alguien que lo ha creído durante mucho, mucho tiempo».

—Es que yo pienso... —interviene Sixtine de repente— que el sexo implica amor y, bueno, al mismo tiempo, instinto animal, sin control. Es algo raro y, a veces, no necesario, porque lo hacemos sin deseo, sin quererlo. No sé... Es complicado.

Entonces Patri se suma aportando su opinión que ha escrito en la libreta.

—«Para mí es diferente el sexo que hacer el amor. El sexo es la práctica para satisfacer las ganas, la libido sexual, y hacer el amor es… la sensación más fuerte del amor, del placer. No hay emoción mala que se pueda relacionar con él. Tener sexo es una cosa más… fría para mí. Puede haber o no sentimientos, pero no se busca expresar el cariño con la otra persona, más bien la satisfacción de uno mismo. Hacer el amor, en cambio, implica un proceso, un proceso bonito. Con quien lo haces hay sentimiento y compartes mucho más que tu cuerpo. Transmites tus emociones, deseos, preocupaciones… En el sexo solo te desnudas corporalmente; en el amor lo haces corporal y emocionalmente. Porque cada beso, caricia o acción que se hace aumenta el cariño hacia la otra persona y transmite muchísimo».

Para Patri, tanto tener sexo como hacer el amor son vitales. Es un momento en el que pierdes el control de todo. Si te dejas llevar, dice, sientes mucho placer.

—Y esto es una cosa que me costaba mucho —reconoce, mirándome con sinceridad—. Acostumbrada a no sentir, no quería sentir demasiado. Nunca había llegado al orgasmo porque… no me lo permitía. Era una cosa desconocida que yo no podía controlar. Me daba vértigo llegar a fluir. Y lo deseaba, pero sentía que, como no conocía esa sensación, me podría hacer daño.

Animada por los testimonios de sus compañeras, Neus se atreve a entrar en el tema. Desde su timidez dice que, al hacer la meditación, ha sentido que el sexo era conexión y entonces ha escrito un texto que le ha salido casi sin pensar…

—«Las primeras palabras que me han venido a la mente tras la meditación han sido "no tengo ni idea". Qué voy a saber yo si nunca he tenido una experiencia ni remotamente cercana al sexo. Pero entonces he pensado en cómo lo percibía; me gustaría decir algo poético, sensible, sobre el sexo, pero no sé, y me he dado cuenta de que tengo el mismo nivel de madurez que el de una niña de ocho años; para mí es un tema vergonzoso e incluso tabú. A mis diecinueve años aún me siento incómoda con las escenas de sexo de las películas aptas para niños de doce. En esto mis padres tienen parte de responsabilidad, pues son muy precavidos en este asunto y siempre han intentado pasarlo por alto, esconderlo. Fue a los doce años cuando descubrí que mis padres practicaban el sexo de forma semanal (y no como algo esporádico para tener hijos), y eso me creó mucho trauma. Aparte de esto, no he tenido ningún otro altercado relacionado con el sexo. Mi mejor amiga y yo a menudo hacemos bromas sobre hacernos monjas por lo puritanas e inexpertas que somos, y con la tontería de esperar a la persona indicada vamos a acabar siendo vírgenes a los cuarenta, como en la película.

»Pero el sexo, para mí, es una imagen de lo que las relaciones puras y verdaderas significan. Desnudas tu imagen y confías a otra persona tu vulnerabilidad, tus miedos, tus defectos, tu dolor. Pero también muestras tu luz, tu ilusión, tu honestidad. Todo tu ser expuesto a otro ser. Ves y te dejas ver. Piel con piel. Labios con labios. Lengua con lengua. Dos seres íntimamente conectados a todos los niveles. Una fotografía del amor, la confianza y, no nos olvidemos, del placer».

Y todo esto sin tener «ni idea».

Como mujeres, tienen una poderosa intuición. Como mujeres hipersensibles y buscadoras, más. Conocen el sexo aunque no tengan experiencia física todavía. Desde el alma, su sabiduría es amplia.

Claudia toma el relevo para leernos su texto. Para ella el sexo es…

—«Algo que va mucho más allá de lo físico. Es compartir con otra persona toda mi intimidad tanto física como psicológica, y cuando decido tener sexo con una persona para mí se ha de cumplir una serie de requisitos… Respeto por encima de todo. Atracción, evidentemente. Sé que puede existir el sexo sin amor, pero, para mí, para sentirme cómoda, tiene que existir amor, por lo menos un cariño especial… Y yo tengo que estar bien conmigo misma porque, si no, no lo disfrutaré y es probable que esto se lo transmita a la otra persona, la cual tampoco conseguirá disfrutar conmigo».

Claudia confiesa que estos requisitos, que parece tener tan claros, a veces, a lo largo de su vida, los ha olvidado.

—Me los he pasado por el forro y entonces pienso de qué manera he utilizado el sexo o para qué me ha servido en determinados momentos. —Y lee—: «Mi "primera vez" no fue ideal y, a partir de ahí, he estado con muchos chicos, algunos de una noche, otros rolletes de más tiempo, una pareja de tres años, otros amigos de meses… Siempre he dejado, nunca me han dejado, pero la parte más dolorosa vino cuando dejé de estar conmigo misma, cuando dejé de disfrutarlo. Ahí perdí mucho poder respecto al sexo; no solo me perdí orgasmos, que, en muchas ocasiones llegué a fingir, sino que también gané miedo, a los encuentros, a cualquier movimiento, miedo a saber si generaré placer suficiente, miedo a no llegar, miedo a no sentir… Miedo».

Claudia se para. Se ha emocionado y le cuesta hablar, pero respira y sigue…

—«Cada vez que esperaba que estos miedos desaparecieran, cada vez sentía menos y era más robot. Lo vivía como una espectadora que ve una película deseando que termine. Me hice de hielo, me escondí debajo de la broma de "soy asexual" durante un tiempo por no decir "estoy hecha una mierda", ya que no sonaba tan gracioso ni daba tanto miedo. Así he ido funcionando durante bastante tiempo… Y creo que si ahora me pones a un tío delante una noche, dominaría la situación fuera la que fuere, bar, restaurante, discoteca, prado, montaña, me daría igual, pero, en el momento sexual, me las tendría que apañar mucho para descongelarme. Creo que estoy esperando a terminar de perdonarme y de coger fuerzas para poder aguantar a alguien. Porque, si no me aguanto yo, la lleva clara el que se me junte al lado».

Termina y sonríe.

—No sé… No sé si es esto lo que querías o se me ha ido la pinza, cosa que no sería rara, pero es lo que he sentido.

Nos mira a todas y le doy las gracias. Entonces Ona interviene de repente:

—Para mí el sexo es compartir. Compartirte tú con otra persona.

Coge su libreta y, sin añadir nada más, empieza a leer…

—«He sentido, al meditar, que el sexo es empoderarse. Y disfrutar, aprender a disfrutar del placer, sin miedo ni juicio, sin barreras que lo impidan. El sexo es querer al otro, pero también quererte tú, aceptando todo aquello que forma parte de ti. Hacernos respetar y valorar. Es liberarnos, liberar nuestra esencia».

Termina y cierra la libreta. Se encoge un poco, sonriendo, y entonces Clara se anima a seguir venciendo esa timidez que la caracteriza, y hoy más, por tener que tratar el tema sexual.

—A mí el sexo me da miedo. —Lo reconoce con sinceridad y luego añade—: Eso es lo primero que se me ha pasado por la cabeza al meditar. Entonces he escrito que «el sexo es la expresión humana energética, positiva y más intensa que hay del amor. Creo que es una forma de conectarse con las raíces más terrenales de nuestra naturaleza; un instante en el que se conectan todos los mundos paralelos que ocurren en un mismo tiempo; la coincidencia de lo emocional, lo energético, lo físico, lo humano, lo personal y verdadero. Creo que es algo maravilloso y sano para la vida, pero soy consciente de que exige desnudez, en todos los sentidos. Exige una vulnerabilidad total y como en ningún otro lugar. Por ello, y por los millones de estigmas sociales, puede llegar a ser muy peligroso. Creo que todo aquello que se hace con amor verdadero y conciencia es sano; pero a veces cuesta identificar si ese amor es realmente verdadero». Levanta la mirada del cuaderno, me mira un momento y luego vuelve a su texto para seguir leyendo—. «Después de haber releído lo que he escrito en un impulso, me da la sensación de que todo el tiempo me he estado refiriendo más al hecho de hacer el amor que al sexo en sí. Al no haber mantenido relaciones sexuales nunca, supongo que me cuesta establecer los límites entre estos dos actos. Creo que ahora no lo veo, pero que si lo conociese vería la diferencia. Porque supongo que existe esa diferencia aunque piensas que ojalá no la hubiera. No lo sé, no estoy segura de nada de lo que he escrito. No podré estarlo hasta que lo haya vivido».

Me sorprende. Me sorprende mucho, le digo a Clara, a todas, su percepción tan elevada, sensitiva, conectada de la sexualidad. Son intuitivas, sensibles. La profunda y rica visión del sexo que acaban de compartir, aunque muchas no lo hayan practicado nunca, es fruto de su conciencia, de la conexión con su propia naturaleza femenina. Porque estamos conectadas. A nosotras mismas y a percepciones que, aun siendo difíciles de explicar, existen.

Hay un escritor estadounidense, les comento, que tiene varios libros sobre esa sexualidad de cuerpo y alma. También existe una práctica llamada *Tantra* vinculada al budismo y al hinduismo que, en sus textos sagrados, explica, entre otros aspectos, los secretos del sexo para experimentar la conexión contigo mismo y con el otro e ir más allá.

Todas me miran. También el terapeuta. Si tiene pareja, me da por pensar a saber lo que le explicará hoy cuando llegue a casa…

Les sugiero a todas que sean fieles a su intuición. A su corazón. A sí mismas, en definitiva. Lo que ellas sientan que quieren vivir y compartir con alguien, en la intimidad, es su verdad. Y su fuerza.

—Yo… con la meditación he sentido una conexión muy fuerte. Y creo que… es maravilloso. —Lo ha dicho Ona.

Conexión… ¿Quién habla de ello? Y más si se refiere al sexo.

—Pues yo… no sé qué decir —reconoce Lucía de repente—. Es como que no tengo opinión. Me he descubierto indecisa. El tema del sexo me ha roto los esquemas.

Patri opina que tenemos tantos… Comenta que le ha dado por ir apuntando cosas que le venían y se ha encontrado haciendo una especie de resumen sobre su evolución en la intimidad. Son los pasos que ha conocido, dice, en relación al sexo, y los ha enumerado.

—«1. Sentir lo básico. Sabía que yo quería mantener relaciones sexuales porque notaba un poco de gusto, pero pesaba más mi mente sobre si "le estará gustando, cómo se hace, mi cuerpo…".

»2. Empezar a dejarme llevar más cuando estaba cómoda conmigo misma y, cuando se me iba la mente, volver a centrarme en lo que hacía.

»3. Sentir gusto. Una vez que ya no me iba y tenía seguridad, sentía. Sentía mucho. Pero estaba frustrada porque seguía sin llegar al orgasmo (pero sabía que faltaba poco). Me exigía llegar, me obligaba a que antes de equis día tendría que haber llegado. Y cuando no ocurría me frustraba muchísimo y me "machacaba".

»4. Placer. Cuando el pasado martes me puse, sin ninguna presión, sin nadie que me molestara, un momento que estaba yo conmigo misma… Llegué. No fue un gran orgasmo, pero sí me dejé llevar. Sentí».

Se para. Nos mira y luego añade que para ella toda práctica sexual es un momento en el que sientes mucho y no se puede controlar porque entonces no lo puedes vivir. Si no sientes no vives, no disfrutas el momento, el ahora. No sentir implica estar corporalmente pero no emocionalmente, como si dentro de esa persona no hubiera nadie.

—«El miedo nos intenta proteger de cosas que nos han causado dolor, pero no se puede cambiar una sensación mala si no se repite y vence. Pensando más en mí, ahora me empiezo a sentir, a tenerme, y por eso creo que puedo dejarme llevar, porque sé que pase lo que pase me voy a tener a mí misma».

¿Cómo pueden ser tan sabias estas jóvenes mujeres? Poseen una sensibilidad extraordinaria. Por eso son capaces de percibir y escribir verdades que arrasan.

Les digo que vamos a seguir. La meditación las ha conectado y hay que aprovechar el filón, que hoy la wifi con el universo funciona de perlas. Se ríen.

Les pido que continúen con sus libretas abiertas, en una nueva página en blanco, y que se dispongan a meditar de nuevo conectando con esa energía basal que han experimentado antes. Les apunto que van a contestar de manera automática, visceral, sin pensar, a tres preguntas que les voy a hacer. A cada pregunta, respirarán y esperarán que llegue la respuesta. La escribirán entonces, volverán al estado meditativo, les haré la segunda, repetirán el proceso, y con la tercera, igual.

Despegamos…

Las preguntas son: ¿Cómo me veo? ¿Cómo quiero que me vean? ¿Cómo soy?

Después de hacer el ejercicio, empiezan las lecturas.

Carlota es la primera.

—«¿Cómo me veo? Actualmente, muy dramática. Creo que mis problemas no son tan importantes como para darles la importancia que tienen. ¿Cómo quiero que me vean? Bien. ¿Cómo soy? Alegre, rubia, lista, amigable, caritativa, intento hacer que todos estén contentos, y bien».

Patri coge el relevo. Se ve…

—«Brillante. Y quiero que me vean real». —Y añade—: «Creo que soy… brutal».

Ainara me mira para indicarme que va a leer sus respuestas.

—«Me veo como una carga. Una carga constante para los demás. Como si tuvieran que arrastrarme con desgana, porque a mí me da demasiado miedo levantarme y enfrentarme a la vida. Me veo gorda, plana, estúpida, aburrida, exagerada, desagradecida, egoísta, bruta, inútil. Culpable por todas las desgracias que pasan a mi alrededor. Odiosa y pasivo-agresiva. Falsa. Con el gusto en el culo. Rara, pringada, antisocial, introvertida. Busco la aceptación en todos los sitios, constantemente. Soy alguien que no hace lo que hace todo el mundo y se cree superior por ello, aunque solo crea más rechazo hacia ella, porque es la rara. Inferior a todo y a todos. Por eso tengo que cambiar».

Inspira para seguir después de la carga que acaba de soltar, precisamente.

—«Los demás me gustaría que me viesen delgada, inteligente, divertida, entretenida. Como a una chica normal y corriente que gusta a todo el mundo. Guapa, bonita, agradable, dulce, tierna. Pero valiente y extrovertida. Que apetezca estar con ella. Que los demás la quieran y la adoren por el simple hecho de ser ella. Comprensiva y empática, pero con un punto burlón que hace que los demás se derritan. Creativa, espontánea, estudiosa y preciosa. Solo quiero que me vean perfecta».

Y termina:

—«Cómo soy no lo sé bien… Inconscientemente creo que soy como me veo. Pero sé que tengo un vacío en el centro del pecho que no puedo llenar. Nublada por mis demonios. Pero con una lucecita, muy muy pequeña comparada con el peso que tiene lo negativo, que quiere salir de la mierda. Aunque me pueda todo lo malo, está ahí. Ojalá algún día derroque a la voz enferma».

Frente a la detallada confesión de Ainara, Neus es escueta y directa.

—«¿Cómo me veo? Ni idea. ¿Cómo quiero que me vean? Feliz. ¿Cómo soy? No lo sé».

Neus se recoge en sí misma.

Muchas veces, después de leer sus textos, la mayoría se ovillan en sí mismas. Es algo así como «me acabo de abrir, de sincerar, de exponer, pero ahora me vuelvo a casa, a encerrarme en mi laberinto».

Es como salir un momento a que te den el aire y el sol, pero enseguida hay que resguardarse, no sea que el exterior, por mucho que pueda oxigenarte, te ataque.

Aitana, sentada al lado de Neus, me indica abriendo la libreta que quiere compartir su texto.

—«Creo que no me veo bestia. Creo que quiero que los demás me vean bestia para así poder automachacarme y repetirme lo mala que soy. Poder sentirme inferior por una razón horrorosa que dé peso y sentido al "¿ves?, doy asco, por eso mi anorexia tiene sentido, porque así yo misma me arreglo para conseguir ser mejor persona". Véase ese "mejor persona" desde mi concepción: una persona frágil, vulnerable. Una persona con un carácter opuesto al "malo". Y ¿qué hay más frágil que los huesos? Pensándolo bien, y después de tantas personas diciéndome que no soy así, quizá no sea tan mala. Quizá solo quiera que alguien me diga que soy bruta, mala, basta, burda y bestia para que todo esto tenga sentido. Todo esto que, en realidad, se aguanta con pinzas porque no lo tiene. Todo esto, es decir, mi enfermedad, solo tiene sentido en mi mundo. Un mundo que ha sido concebido erróneamente durante siete años. Un mundo en el que reina esta máxima: "Si tu esencia es mala, tienes que cambiarla. Si quieres cambiarla, tienes que someterte a una renovación de carácter para conseguir que dicha esencia sea buena. Una esencia buena es aquella que es dócil, suave, dulce, afable, adaptable y obediente". En mi mundo, esta máxima se consigue a través de dar pena. Buscar el cuidado de los demás. Así, los demás verán que tu esencia es buena, que tú no eres mala. Es más, eres tan buena, tan frágil, que necesitas que te cuiden y se preocupen por ti. Bienvenidos a un nuevo mundo, mi mundo. En este mundo, la reina soberana se llama FRAGILIDAD. Esa falsa creencia de que la fragilidad me va a dar el cuidado y la visibilidad que busco me lleva persiguiendo desde los trece años, cuando yo la abracé como si fuera el antídoto contra todos mis miedos. Pero esa falsa creencia, ayer, se fue. Ayer, en medio de una terapia grupal en la que hablé sin ninguna esperanza de sacar algo de provecho, mi mente se dio cuenta de que la fragilidad no me iba a dar lo que yo buscaba. Siete años de mi vida buscando lo incorrecto. ¿Cómo narices no me había dado cuenta antes? Las personas no van a querer estar conmigo porque les doy pena. Las personas van a querer estar conmigo porque les aporto algo más que pena y preocupación. Pues esto, esto que parece tan simple, no entraba en mi cabeza. Mi cabeza me decía que a través de los huesos yo iba a conseguir ser vista y cuidada por los demás. Los huesos me iban a salvar de la soledad. Los huesos me iban a proporcionar la visibilidad que toda mi vida había anhelado. Pues no. No es así, Aitana, querida. Los huesos solo te van a aportar que la gente te vea y piense "pobrecita". Pero antes esto era algo positivo para mí. Ahora no. Ahora, de repente, no. Ha sido mágico. No sé explicarlo. Es rarísimo. Soy otra. Desde ayer veo el "pobrecita" diferente. Mi mente ha hecho un clic».

Aitana levanta la vista de la libreta y me dice:

—No sé si era bien bien esto, pero es lo que me ha salido de dentro.

De eso se trata, en parte: bajar a ciertas profundidades, bucear en ellas y sacar perlas. Lucía se ofrece a mostrar las suyas.

—«¿Cómo me veo? Cambia tanto según el día que no sabría ni qué contestar. Paso de un ogro escondido en su cueva a una princesa con sus tacones y minifalda. Tengo toda la gama de colores debajo de la manga. Y quiero que me vean siendo la mejor versión de mí, o al menos siendo mi versión más auténtica. En cuanto a cómo soy… Una caja de sorpresas». —Inspira y me dice que ha añadido unas palabras—: «Me arrepiento tanto de haberme cargado mi salud por haber hecho caso a la sociedad y a un estereotipo que es genéticamente casi imposible, casi antinatural. Estoy cansada de tantos años odiándome. Vida solo tenemos una, así que tenemos dos opciones: estar amargados con nosotros mismos para lo que nos queda o empezar a hacer algo para cambiarlo. Y hacer algo que parece muy fácil, pero que es una de las cosas más complicadas, es… vivir».

Vivir. Verbo de conjugación difícil de definir. Sencilla y complicada. Para estas chicas el verbo se cuestiona a menudo cuando dudan de su conjugación. En su dolor, profundizan en él y se preguntan sobre su significado porque los interrogantes atacan cuando uno se siente atrapado.

Clara es una de las que más evidencia ese sinvivir. Discreta como siempre, se dispone a leer sus respuestas aunque hoy esté especialmente cerrada y no tenga muchas ganas.

—«Me veo inútil, pequeña. Una persona débil que ha vivido cosas y es capaz de sentir emociones intensamente. Quiero que me vean bonita (por dentro y por fuera). LUZ. ¿Cómo soy? Normal...».

Sixtine concluye la ronda de lecturas. Dice que se ve gorda, fea, con mucha grasa...

—«Y me gustaría que los otros me vieran delgada, poderosa. Normal. Y creo que soy linda de cara, pero vacía».

Nuestro tiempo se termina. Alba me comenta que, como ya estamos acabando y quiere revisar su texto, prefiere mandármelo por correo.

Nos despedimos. Algunas vienen a abrazarme y me dan las gracias.

Soy yo quien debería dárselas.

Por la noche me llega el texto de Alba sobre el sexo.

Me comenta en el correo que se ha enrollado «un poquito», pero que le ha salido así.

Mmm... el sexo. El sexo siempre ha sido relevante en mi vida, pero ha ido adquiriendo distintos papeles a lo largo de ella. Siempre he sido una persona sexualmente muy activa. Ya desde pequeña recuerdo masturbarme con cinco o seis años. Entonces no comprendía lo que hacía ni qué le sucedía a mi cuerpo. Solo sabía que me daba un gustito increíble hacerlo, pero creía que lo que hacía estaba mal.

Mi hermana mayor y yo compartíamos habitación y llevábamos un recuento de cuántas veces lo habíamos hecho desde nuestra última conversación, aunque nos habíamos comprometido a no hacerlo más. Pensábamos que tocarnos era de malas personas y que estábamos casi casi cometiendo un delito. Pecadoraaas... ¡Ja, ja, ja!

Pero mi hermana me descubrió que aquello que hacíamos tenía nombre y que no estaba mal, que en el caso de los chicos estaba más que normalizado. A partir de ahí pude empezar a tocarme con tranquilidad, no con remordimiento. Aunque no era una tranquilidad absoluta. Más adelante, en primero o segundo de la ESO, recuerdo una noche que fue «la noche». Estábamos de fiesta de pijamas cuatro amigas. Tras ver una peli en la que salían imágenes de una chica tocándose, salió el tema y resultó que todas confesamos hacer lo mismo: ¡todas nos masturbábamos! El subidón fue increíble: la masturbación femenina había sido plenamente normalizada para mí y ya no sentía vergüenza por ello. Es fascinante la pésima educación sexual que recibimos tanto en el colegio como fuera. Se trata como un tema tabú, protegiendo a los niños del mundo del sexo y del placer, cuando es algo que acabará surgiendo en sus vidas. Y aunque cada uno deberá hacer su proceso de descubrimiento, no estaría de más recibir alguna información previa para evitar sentirte como un delincuente o un bicho raro solo por toquetearte el chichi. Y lo mismo sucede con el sexo: no me ayudas en nada enseñándome a ponerle un condón a un plátano en clase...

En fin, prosigamos. La llamada «pérdida de virginidad» —ya ves tú, ¿virginidad cuál? Ni que naciéramos todos siendo María la señora de don José— en mi caso fue temprana, a los catorce años. Otro subidón absoluto. Me

sentía mayor, me sentía mujer, pero, a su vez, fue la puerta
—esta vez sí— hacia algo oscuro. No es porque sucediera
pronto, es por cómo estaba yo. Sumergida en el mundo del
TCA, y...¡pling! El sexo pasó a ser una de mis nuevas y más
recurrentes maneras de evasión. Pese a no gustarme nada,
nunca he tenido dificultades para ligar. Así que no estaba
nunca con nadie, pero siempre estaba con alguien. Mi vida
sexual era muy activa, pero también muy poco placentera.
Más allá de que tardé cuatro años en tener mi primer orgasmo, mientras tenía sexo, más que una fuente de bienestar, se
convirtió en una fuente de malestar. Como yo no me gustaba, creía que si los chicos tenían sexo conmigo debía ser porque, en realidad, yo no estaba tan mal. Así que follaba con
tal de sentirme guapa ni que fuera por un minuto, pero, al
final, resultaba ser contraproducente porque acababa todavía peor: me seguía sintiendo fea, nada querida, ya que mis
relaciones sexuales eran de lo más frías e incluso me sentía
sucia. (En realidad lo que necesitaba era amor y no sexo,
pero además amor interno y no externo). Ya no solo utiliza-
ba el sexo cuando me sentía poco agraciada, sino que, en
ocasiones, pasé a usar el sexo incluso para sentirme todavía
peor. Estaba mal conmigo y con la vida, abrumada por
todo, no sabía qué hacer, pero sí sabía que el malestar interno era mi zona de confort.

Así que, aun sabiendo que tener relaciones frías y nada
sentidas me iba a hacer sentirme todavía peor, las mante-
nía. Me desconectaba de todo. No sentía nada, aparte de
más malestar al terminar. Era una forma más de evadirme.
Eso sí, de cara a fuera, lo llevaba como si aquella dinámica
me encantara. Como si fuera una hippie del amor liberal y
estuviera orgullosa de ser un «fucker», en plan risas siempre.

Para mí, ahora el sexo no tiene nada que ver. Tal vez
influya que esté viajando por mi primera relación de pareja

estable. Sea como fuere, para mí el sexo ahora es algo hermoso. Es otra forma de comunicarnos, otra manera de decir «te quiero». Una muestra de confianza. El sexo es conocer a la otra persona y, sobre todo, conocerte a ti misma. El sexo es placer, diversión y bienestar. Es desahogarse, pero no evadirse. Es un desahogo corporal y del alma, una liberación de endorfinas, una fuente de felicidad. El sexo es cariño y es amor. Puede no ser siempre amor hacia la otra persona, no tengo nada en contra de los polvos de una noche para quien quiera tenerlos, por ejemplo. Pero siempre debería haber un mínimo de afecto ya que, al final, se ha compartido y generado algo hermoso con la otra persona.

Y por supuesto, siempre, siempre, siempre debería haber amor cuando tenemos sexo, al menos, el propio. Siempre.

El sexo es abrirse, y superar vergüenzas. Lo hay de muchos tipos, por eso, como he dicho antes, el sexo es confianza: confianza para expresar sin miedos lo que a nosotros nos gusta. El sexo es paz y no guerra. Es disfrutar. Es vida y es vital. El sexo es calor. Es compartir, es experimentar, es dar y recibir. Es percibir, es entender sin palabras, es hablar con el cuerpo, es saber escuchar. Es ser generoso, pero también es priorizarse. El sexo es respetar. El sexo es......... Haz tu propia lista...

En definitiva, el sexo es todo un mundo y está claro que cada persona lo vivirá a su manera. Pero siempre, sea con quien fuere, del tipo que fuere, en la circunstancia que fuere, debería aportarnos una sensación de placer y bienestar. Debería ser algo hermoso. Porque el sexo es luz, no oscuridad.

Luz, no oscuridad. Ellas buscan la luz, en todos los sentidos y con todos sus sentidos. Quieren, desesperadamente, estar bien. El TCA es un intento para encontrar ese estado. Aunque parezca absurdo o una contradicción afirmarlo.

Veo un reportaje en televisión sobre la salud mental en la juventud. Existe un amplio abanico de dolencias que están aumentando vertiginosamente. Entre ellas, el trastorno de la alimentación. Pero la depresión, la ansiedad, el TOC en todas sus variantes, el aislamiento social e incluso familiar, son vértices de un mismo eje junto con el TCA.

El 47% de las jóvenes entre doce y dieciséis años quieren adelgazar y, según la OMS, el 25% de la población mundial va a experimentar en algún momento un trastorno mental, pero el incremento, sobre todo, de los problemas mentales afecta a los más jóvenes.

Detrás de esos datos, está lo humano. Porque, en el fondo, todas esas inclemencias en la atmósfera mental tienen denominadores comunes. Uno de ellos es la falta de comprensión, profunda, de lo que les sucede a todos aquellos que sufren ese dolor que ni la química ni las terapias consiguen muchas veces solucionar. Y es un dolor en silencio, a menudo ahogado, porque quienes lo padecen se callan, se avergüenzan, no se atreven a contarlo por miedo a que les tilden de locos o a que se banalice lo que les está pasando.

En el reportaje una chica explicaba que arrastraba, desde hacía meses, una depresión con ansiedad que apenas le permitía levantarse de la cama para ir a trabajar. Había solicitado la baja, pero se la habían denegado. De solo verla, quien tuviera un mínimo de sensibilidad podría darse cuenta del estado desesperado en el que se encontraba la joven. Pero hay mucha ceguera médica y social, humana, en general. También sordera, así como poco tacto y ningún olfato. Y mutismo, porque la misma sociedad frenética y enloquecida, que nos trastorna con su competitividad sin aliento, se vuelve inmune a lo que provoca y lo silencia.

Tantas personas están mal. Y tan pocas se atreven a decirlo. Y menos aún las que no logran sentirse comprendidas ni amparadas para sanar esos trastornos que no se limitan a la mente, ni a la química; tampoco a las conexiones neuronales o a los niveles de endorfinas y serotoninas. Trastornos que pueden estar más allá de traumas y heridas con sus terapias innovadoras o tradicionales.

Laberintos. Misteriosos. Desconocidos. En los que algunos se enredan mientras buscan el sentido…

De ello hablamos durante el siguiente día de curso. También de lo que hemos trabajado hasta hoy.

—Hemos compartido ejercicios, vivencias y textos que os han dado una orientación distinta de vosotras mismas, diría.

Todas sonríen, o asienten.

—De lo que se trata ahora es de identificar un poco mejor lo que «sois» para empezar a percibir lo que podéis llegar a ser. Vuestra mejor versión. Cómo deseáis ser. Cómo sentís que podéis ser… Y veros en esa nueva identidad. Para comenzar —les digo—, vamos a utilizar la pizarra que Reyes me ha preparado, y lo primero que vamos a hacer va a ser identificar lo que podemos llamar «el camino del protagonista».

En este caso, ellas son las protagonistas. Las heroínas de la película.

Aitana, a quien le encanta escribir, esquematizar y ponerlo todo perfecto, se brinda para anotar lo que voy a ir diciendo.

—De un modo muy esquemático, podríamos considerar que el punto de partida está en el rechazo, el abandono. Se vive, o se interpreta, a nivel externo, como un sentimiento de que no te quieren y, entonces, algo se queda en el interior.

Aitana escribe RECHAZO-ABANDONO en la pizarra.

—En el terreno del rechazo-abandono germinará la semilla del trastorno. Irá creciendo y se manifestará con miedos, ansiedad, depresión, TOC, y luego ya se evidenciará con acciones como no comer o comer compulsivamente. Es la punta del iceberg que emerge de lo más profundo.

Al RECHAZO-ABANDONO, Aitana le adjunta una flecha que enlaza con TRASTORNO.

—Ese trastorno, en el fondo, te lleva a ti. Porque es en lo más profundo, precisamente, donde está el origen del trastorno. Al evidenciarse, se convierte en un medio para ir hacia dentro. Y, al hacerlo, sientes y empiezas a conocerte y a descubrir quién eres, realmente. Tu propio trastorno te lleva a conocer al ser que eres en realidad. Y ese ser nunca te va abandonar, ni a rechazar.

Aitana dibuja una flecha que va del TRASTORNO al SER.

—Es un camino. El camino del protagonista de esta película cuyo argumento es llegar a ser uno mismo. Del rechazo-abandono al trastorno y, de ahí, al ser. De lo que yo era, o creía que era, a quien puedo ser y soy en realidad. Ese es el recorrido del protagonista. La película. Que acostumbra a resultar complicada, sin duda. Para unos más que para otros. Y, a veces, me pregunto: ¿por qué, si ya somos ese ser potencial, la producción de la película es tan cara?

En sus caras se dibujan unas sonrisas.

—Es como tener que cruzar un desierto para encontrar el agua que ya llevas contigo. O el cuento del mendigo de Tolstoi, no sé si lo conocéis. El del pobre que pide limosna sentado encima de un cofre sin saber que está lleno de monedas de oro. Es así, parece. ¿Es así? ¿Tenemos y somos riqueza, pero no sabemos verla? ¿Por eso mendigamos, o robamos, estafamos, guerreamos…? ¿Ignorantes de nosotros mismos, somos mendigos?

Todas me miran.

A medida que pasan las semanas, diría que hay cada vez más conexión en esas miradas. Entre las suyas y la mía, pero también consigo mismas, porque se ven desde otro lugar... La calma se oculta bajo el tsunami. Para que aflore, día a día, hay que sentarse a solas con uno mismo, como sugería Blaise Pascal, y dejar que llegue el silencio, que las olas se aquieten y la profundidad del océano se manifieste. Entonces puede ser, puede, que esa calma llegue. El miedo, el sufrimiento, las obsesiones, la programación insana y maltratadora se van diluyendo, como una niebla tan espesa que durante mucho tiempo no te ha dejado ver nada. Ni siquiera a ti misma.

Es un proceso. Largo. Lento. Y reversible, porque cuando parece que estás mejor, que ya lo tienes, se levanta un oleaje inesperado y te pega un revolcón. «Son pruebas», decía J., una de mis mejores amigas que me ayudó de manera incondicional en mi proceso. Y cuando yo me desesperaba buscando, ella me repetía: «Pero si ya lo tienes...».

Ahora soy yo quien les transmite a las chicas las palabras de mi amiga. Ya son lo que buscan. Solo deben quitar las malezas que sobran, las piedras... Me miran como yo a mi amiga, con escepticismo, pero también con una chispa de esperanza. Y de necesidad. Necesitan creer que hay algo más allá de tanto sufrimiento.

Algo... o alguien. Tú. Pero no lo sabes.

Les pido que se pongan frente a la pizarra —donde Aitana ha escrito el titular del RECHAZO al SER—, que se acomoden bien sentadas, rectas, como ya saben hacerlo, y que, después de varias respiraciones con calma, una a una, en silencio, coja el rotulador y apunte, debajo de donde escribo la letra A, un sentimiento, una sensación que identifique su yo actual.

—Por ejemplo, por decir algo... Rabia. ¿De acuerdo? —Todas cierran los ojos y empiezan a respirar con tranquilidad—. Cuando cada una descubra la palabra que quiere apuntar, se levanta y la escribe en la pizarra.

Una a una lo van haciendo y la columna de la A se va llenando de:

Miedo
Control
Agotamiento
Cansancio
Soledad
Inferioridad
Frustración
Ahogo
Angustia
Inseguridad
Estrés

Cuando terminan, les digo que vuelvan a cerrar los ojos, a respirar con calma, y que empiecen a imaginarse en la mejor versión de sí mismas. Y cuando encuentren una palabra, solo una, que defina lo que sienten en esa nueva imagen, que se levanten y la escriban en la columna que hay en el otro extremo de la pizarra, frente a la A, y donde he escrito una Z mayúscula.

Poco a poco cada una lo hace a su ritmo y, al final, cuando terminan, la columna queda así:

Z
Liberación
Ilusión
Ligereza
Esperanza
Tranquilidad
Paz
Reconciliación
Amor

En la pizarra pueden verse entonces los dos puntos de un recorrido:

De la A a la Z

Miedo	Liberación
Control	Ilusión
Agotamiento	Ligereza
Cansancio	Esperanza
Soledad	Paz
Inferioridad	Reconciliación
Frustración	Libertad
Ahogo	Amor
Angustia	
Inseguridad	
Estrés	

Algunas han repetido palabras como *paz, amor* y *libertad,* de ahí que haya un aparente «desajuste». También en la columna de la A las palabras *miedo, control* y *agotamiento* han salido más de una vez. Pero todas se sorprenden al ver ese puente entre lo que sienten ahora y lo que también pueden sentir, ahora mismo, si se adentran en la mejor versión de sí mismas en lugar de quedarse atrapadas en el pasaje del terror de sus mentes.

Y, como ya están sintonizadas, les propongo prolongar esa conexión y desarrollar cómo se ven en su mejor versión. Luego, quien lo desee, puede leer su texto.

—«Mi yo mejor es una persona linda, que no le importa cómo se ve después de (mucho) comer» —Sixtine empieza a leer—. «Es una persona que se ama. Es divertida, le gusta reír y sonríe mucho. Ayuda a la gente, pero no se olvida de cuidarse y de cuidar/amar mucho a su entorno. Tiene una mirada profunda y misteriosa que despierta las ganas de conocer y descubrir a esa persona. Es inteligente, estudiosa y tiene éxito en sus estudios. No molesta a su familia, ni a sus amigos ni compañeros. Es fuerte mentalmente. Puede ser dura, pero comprensiva al mismo tiempo. Es agradable, disfruta con la gente y no hace crisis».

Mientras Sixtine lee, la luz de media tarde que llega desde el patio va perdiendo intensidad. Los días se acortan. Vamos camino del invierno.

Cuando termina, se instala un silencio, breve, porque enseguida Patri empieza a leer…

—«Cierro los ojos y me imagino con una sonrisa en la cara igual que la luna creciente, una sonrisa que me transmite energía, positividad, felicidad y alegría. Con un mirada brillante como las aguas cristalinas de Cerdeña y un pelazo sano, voluminoso. Esa imagen transmite tanta vitalidad… Soy extrovertida y veo el vaso medio lleno en vez de medio vacío. Soy una chica decidida que sabe lo que quiere en la vida, a quien quiere en su vida y lo que es la vida para ella.

»Una chica sensible y racional, que se muestra tal y como es, sin miedo.

»Una chica segura de sí misma».

El miedo. Tanto miedo… Todo parece ser, en el fondo, una lucha contra ese monstruo. Archivo el pensamiento cuando Neus se brinda a leer.

—«Al pensar en la mejor versión de mí, lo primero que ha llegado ha sido un pensamiento enfermo: solo podía imaginar cómo sería mi cuerpo y eso era lo único que importaba para poder sentirme realizada. Al darme cuenta de lo enfermizo que era quedarme en esa imagen no me he recreado en ella. Sé que esa fantasía es una de las consecuencias de la enfermedad.

»Así que, por primera y rara vez, voy a dar voz a mi parte más sana.

»Me cuesta creer que pueda haber una buena versión de mí. Es difícil de imaginar cuando hay algo dentro de ti que te repite lo inútil, asquerosa y aburrida que eres.

135

»He tenido unos días revueltos y muy movidos sentimentalmente; ayer hubiese dicho que soy una mierda. Hoy, aunque sigue el regusto amargo de ayer, puedo pensar en un futuro condicional en el que podría llegar a deshacerme de esta enfermedad y estos oscuros y dolorosos pensamientos. Admiro a las personas seguras de sí mismas y, sobre todo, a las que se quieren; hasta los diez años no descubrí que eso era posible. Fue cuando mi madre me dijo que ella se gustaba a sí misma.

»Quisiera no obsesionarme con mi cuerpo, ni odiar mi imagen cuando la veo en el espejo, ni ser tan competitiva queriendo destacar en todo.

»En mi mejor versión, tendría muchos amigos que me aceptarían tal y como soy y la gente querría estar a mi lado porque se sentiría cómoda, cuidada y se divertiría conmigo. Sería, también, amable y cariñosa. Sabría demostrar mi amor a mi familia, especialmente a mis padres y a mi hermana. Tendría un buen trabajo, bien remunerado y exitoso del cual disfrutaría. Pero no sería toda mi vida; tendría tiempo para los amigos, la familia, viajar, relajarme... Sería una mujer feliz y empoderada. Sería maravilloso ser esa persona, pero hay una parte de mí que, para evitar que me lleve un chasco de campeonato, no me permite creer que pueda ser real. Me da pena pensar que esa persona, esa vida, son solo una fantasía más.

»Pero puedo dejar de usar el condicional: creo que puedo llegar a ser feliz.

»Creo que aceptarme es cuestión de tiempo. He necesitado mucho trabajo, muchas terapias, muchos días de llorar desconsoladamente y mucho dolor para poder llegar a este punto. Nunca me hubiera imaginado que sería posible, pero aquí estoy. Y cuando pienso en la mejor versión de mí, soy consciente de que no todo va a ser perfecto, que habrá cosas de mí que no me van a gustar y que mi vida tendrá algún que otro bajón, pero eso no va a impedir que yo sea feliz».

Uno se imagina… y no siempre acaba cuadrando la realidad con la imaginación. A veces sí. Encaja. Algo se alinea. Y estás bien. Frente al espejo y fuera de él. Eres la más guapa del reino. Del tuyo, íntimo, interno.

En la mejor versión de sí misma Ainara se ve como una chica risueña, con una sonrisa que podría iluminar toda una habitación y mil sueños por cumplir. Natural. Sin ataduras. Relajada.

—«Me la imagino con las puntas de los dedos manchadas de pintura, de estar todo el día creando. Tomándose la vida como una alegría en vez de como un castigo. Volviendo a bailar como si nadie mirase. A dibujar. A escribir por pasión. A descubrir lo desconocido y que no le dé miedo. Sorprendentemente no me he imaginado su cuerpo. Estaba respirando aire fresco, sin preocuparse por él. Solo me la he imaginado con un vestido blanco y vaporoso, delicado como la seda, radiante como ella, sin tener ansiedad al salir a la calle. Al contrario, puede salir de fiesta, ver y abrazar a sus amigos y hacer nuevos sin encogerse. Hablar con ellos, debatir y defender sus creencias, sin miedo a lo que vayan a pensar y sin la necesidad de complacer para no perderles. Está lista para volar. Sin embargo, se permite llorar cuando lo necesita. Muestra sus emociones sin censura. Escucha la música que le gusta, lee las novelas que le conmueven, ve las películas y los cuadros que la inspiran. Hace lo que desea.

»Está unida a sus padres más que nunca. Habla con su madre de lo que tanto le preocupa y esta le abraza. Tienen la relación que siempre ha idealizado. Juega con su padre y se ríe con él. Y su hermana se ha convertido en su amiga. No siente celos de ella. Se quieren y se cuidan mutuamente.

»Además, es inteligente, compasiva, creativa. Abraza sus virtudes en vez de justificarlas. No pide perdón por ser ella misma. Aprende porque siempre le ha gustado hacerlo. Es curiosa y le encanta saber. Levanta la mano en clase en vez de bajar la mirada. No se encoge haciéndose pequeña, al contrario. Estudia lo que quiere y disfruta. Ha encontrado su camino. Es responsable y constante, pero descansa cuando lo necesita. Y no para de crear, pinta lo que le sale del alma, escribe lo mismo. Si le sale mal, ya saldrá bien a la próxima.

»Le da igual la comida. Le da igual su cuerpo. Confía en él y sabe que es sabio. No necesita controlarlo todo, no le da pánico el descontrol. Ha aprendido a que le guste. Se cae, pero se levanta, y la función sigue. No se queda estancada en sus errores, aprende de ellos. No se juzga ni se machaca. Tampoco se castiga. Es como si un peso que tenía años atrás sobre sus hombros se hubiera liberado».

El peso que quieres perder. Que queremos perder.

Lucía se dispone a leer.

—«¿Como me gustaría ser? Mi mejor versión… Bufff… Qué difícil.

»Todos estos años comparándome y haciéndome inferior me han llevado a una conclusión (que puede sonar muy de Mr. Wonderful) pero es: "Sé tú mismo, todos los demás ya están ocupados" (*Be yourself, everyone else is taken*).

»Por eso mismo no quiero ser de cierta manera, no quiero ser como nadie, no quiero algo más.

»Quiero ser YO.

»Simplemente Lucía. Sin enfermedad ni hostias por en medio.

»Imagínate tener a todos tus amigos, familiares, conocidos… exactamente iguales, que lo único que los diferencie sea el género. Qué aburrido, ¿no? Seríamos como los productos de una planta de fabricación en serie. Igualitos y sin defectos.

»Qué mundo más aburrido.

»Ser tú mismo ya es bastante complicado, como para, encima, tener que intentar ser como otro cualquiera».

Todo parece demasiado complicado. Ser uno mismo, ser feliz, ser exitoso, ser maravilloso, ser… Ser, simplemente. ¿Tan complicado es?

—«En la mejor versión de mí…
aunque tenga los dientes torcidos sonrío, hasta me río
canto y desafino
bailo hasta cerrar la discoteca
no tengo ataques de pánico en el autobús
y tengo conversaciones interesantes con el conductor
voy a visitar a mi madre cada día
riego las plantas
bajo a comprar el pan en pijama
sin importarme
sin odiarme
me pongo mi vestido preferido
paseo por la rambla de Barcelona
con toda su gente
y no me duele verte
y dejo volar mi mente
dibujo, y además, coloreo,
y no me mareo
puedo hablarte
hasta llamarte
y si quiero, olvidarte;
en la mejor versión de mí
puedo quererte a ti
y dejar a un lado los fantasmas
que me van a matar
con tantos ataques de asma,
puedo ser yo primero
y tú después
y si eso ya nosotros
porque me importará un pimiento
el vosotros».

Rocío acaba de soltar su alma entre palabras. O con ellas. También lo hace a pinceladas, a veces, cuando todo se enmaraña en el dolor y nada puede allanar el camino hacia esa salida que parece tan lejana, incluso imposible y también absurda. ¿A qué se debe tanto calvario? ¿Por qué unos entran en desfiladeros por los que peligra la vida y otros, en cambio, parecen tener caminos más llanos?

Ona, siempre tan tímida pero tan fuerte, comparte sus palabras:

—«Veo a una Ona que sabe quién es y qué quiere. Auténtica y segura de sí misma. Capaz de aceptarse, quererse, valorarse tal y como es, sin tener que estar luchando para encajar y ser como a los demás les gustaría o esperan que sea. Capaz de saber lo que siente y piensa, y aceptarlo y poder expresarlo sin tener que pasar por un gran filtrado y selección. Empoderada, libre y valiente. Se enfrenta a sus problemas, no se hace pequeña, ni baja la cabeza. Hace lo que le apetece y lo disfruta sin el impedimento de lo que pensarán los demás ni de si es correcto o no. Es feliz. Es ella en estado puro».

Ser feliz en estado puro. Ser feliz sin condicionamientos, sin miedos, sin telas de araña mentales ni grilletes que atenacen. Ser libre. ¿Acaso no lo buscamos todos?

Claudia empieza a leer con esa voz fuerte que a veces se quiebra cuando habla de su familia o de la incomprensión que ha vivido durante años sin que nadie supiera, realmente, por lo que estaba pasando.

—«Recuerdo el día que me dieron el alta con quince años. Un 10 de junio. Fue el día que me curé. Después de años de lucha lograba superar la anorexia. Ese día, entre felicitaciones y halagos, mi terapeuta, delante de mi familia, amigos y otra mucha gente que vino al acto, al finalizar la explicación de todo el recorrido terapéutico que habíamos hecho juntas, lanzó una comparación: Claudia es como un caballo salvaje.

»Los caballos salvajes son animales de sangre caliente, con mucho nervio, siempre alertas, vivos, con un gran porte y una fuerza arrolladora. Si esa fuerza la canalizan bien y la emplean de manera adaptativa, pueden ser realmente exitosos, portentosos allá donde vayan, pero si esos caballos se dejan embaucar por el miedo, toda esa fuerza les hará arrollar con todo de manera muy destructiva, tanto para el medio como para ellos mismos. Me he acordado tantas veces en mi vida de aquel caballo... Tantas veces me he cuestionado por qué, por qué esa fuerza, por qué yo, por qué de esa forma, por qué no la he sabido enfocar...

»No sé, he de decir que la figura del caballo no me disgusta porque a pesar de poder arrollar con todo de manera destructiva y equivocarse una y mil veces, tiene fuerza, y esa fuerza nunca nadie se la va a poder quitar. Como dice mi abuela, si no nos duele nada es que estamos muertos, y creo que prefiero pecar de equivocarme porque significa que estoy utilizando mi fuerza, que estoy viva, que estoy aprendiendo; vivir tu vida como espectadora tiene que ser aburrido, supongo.

»De aquí parte la mejor versión de mí. Por muy irónico que suene, creo que la mejor versión de mí también es la peor; sin mi peor versión no existiría la mejor, estoy segura. No nos gustarían tanto los sábados si no tuviéramos que pegar el madrugón los lunes, ¿no? He sufrido mucho, pero mucho mucho mucho a lo largo de mi vida, pero es que cuando disfruto, cuando vivo de verdad, cuando me focalizo hacia lo bueno, siento que no hay quién me pare, se me olvida todo lo malo que he pasado. Diría que no soy capaz de describir la mejor versión de mí porque ahora estoy jodida, pero creo que es mentira; no sería capaz si cada día no me levantara deseando estar bien, si cada día no luchara por estar bien, si cada día no soñara con estar bien, si cada día no buscara encontrarme, si cada día no buscara una vida normal con la comida, si cada día no buscara no comerme cuatro supermercados. Así que, sí, supongo que la mejor versión de mí está ahí, y que tarde o temprano llegará. Como he dicho antes, la mejor versión de mí va a estar basada en todas las vivencias que he tenido, entre las cuales se encontrará todo el sufrimiento. Creo que no hay mejor aprendizaje en la vida que el sufrimiento; en realidad no sé por qué existe la carrera de Psicología si podrían regalar el título en función de las experiencias de la vida, siempre lo he pensado. Me visualizo arrollando, me visualizo caballo, pero caballo triunfador, caballo que ayuda, caballo que se cuida, se quiere y se mima, caballo que sabe hacia dónde ir cuando está triste y con miedo, caballo que no pega coces cuando se enfada, caballo rodeado de caballos a los que les gusta la caña y arrollar, caballo que galopa libre, caballo…».

Libertad de nuevo, todas coinciden en esa necesidad, aunque no es fácil. Desprenderse de heridas, de oscuridades, de pecados y condenas. Pero hay que intentarlo. Contra viento, marea y mentes insurrectas.

La tarde se ha deslizado entre palabras. Meditar, escribir, leer y comentar han llenado estas dos horas y no todas han podido compartir sus textos. Me los mandarán y quedamos para la semana que viene entre abrazos y ganas de volver a vernos.

Cada vez se estrecha más la relación entre nosotras. Se genera complicidad. Algo especial.

Al día siguiente, Clara me manda un correo.

Hola, esto lo que escribí en el taller, cuando no quería hacer el ejercicio e hicimos la meditación…

Algo así como la mejor versión de mí.

He visualizado a una Clara delante de mí, pero era falsa y yo lo sabía. No podía darle la mano. Era una visión soñadora e infantil, como de película. Sonreía como si no pasase nada. Era ilusa. No me he creído lo de que yo soy ella y no creo que lo pueda hacer nunca.

Estábamos en medio de un campo verde, hacía sol y ella me extendía la mano. Era un sentimiento de estar en una realidad virtual.

Me resulta muy difícil escribir sobre esto sin que salga la enfermedad (bueno, y escribir en general sin que salga la enfermedad también). Supongo que sería algo así como alguien con luz, sin toxicidades, pura y segura de mí misma. Alguien con entusiasmo, capaz de hacer a la gente feliz y de dar ganas de vivir. Quiero hacer que sea más fácil vivir para las personas cercanas a mí. Y alguien creativa y espontánea, algo así como más viva y con menos miedo.

Los días avanzan hacia el frío y las Navidades ya transitan por las calles.

Aitana me manda un texto confesándome que necesitaba sacar *todo eso*.

Siento el frío y no me molesta. Antes de salir de casa me miro en el espejo fijándome en las pequitas de mi cara, que me recuerdan a las constelaciones del universo. Voy caminando hacia mi clase de ballet. Debajo de la ropa de abrigo soy una bailarina. Estreno maillot de color blanco y no se me transparentan los pezones. Se me ha soltado algún pelillo del moño, pero, oye, no soy peluquera. Las zapatillas de claqué suenan en mi mochila, preparadas para la clase de después. Voy andando y sonriendo. Tengo ganas de abrir la puerta de la academia y escuchar al pianista creando sus melodías llenas de movimiento. Me quito la sudadera y siento frío de nuevo. Observo cómo se me eriza la piel. Me da igual. Me encuentro con las chicas y tengo ganas de verlas y de charlar con ellas. De bailar con ellas. Me miro en el espejo. Qué bien me queda el maillot nuevo. Tengo agujetas. Me río, porque me gusta. Llega el profe. A bailar, a sentir, a disfrutar.

«¡Ostras, qué paso más complicado!». Silencio la voz que me dice que no puedo hacerlo y le digo: «¿Que no? Ahora verás tú...».

Voy a pedirle ayuda al profesor. No me sale, pero lo siento dentro. Mi corazón sonríe al saber que lo estoy intentando. Ya saldrá. Y si no sale, que no salga. Siento las gotitas de la húmeda felicidad corriendo por mi frente, mi cuello y mi espalda. Pienso en la ducha calentita al llegar a casa. Sonrío. Bailo. Me caigo. Aprendo.

Regreso a casa y observo la noche. No me da miedo. Me siento fuerte.

Estoy cansada y decido coger el bus, en el que me siento al lado de una señora mayor que me recuerda a mi abuela. Mi cerebro me ordena llorar, porque es lo que hay que hacer, pero yo sonrío. Sonrío porque la quiero. La quiero y la quise. Sonrío porque sigue viva dentro de mí. Sonrío porque sé que me está mirando y sintiendo el abrazo que le estoy enviando. De repente, me encuentro llorando, y lloro porque la quiero, no porque mi cerebro me lo ordene.

Bajo del bus y me encuentro a una vieja amiga de cuando tenía ocho años. La misma que me acompañó durante esa etapa marcada por el sentimiento de soledad. Noto cómo la máscara va posándose sobre mi cara. Me paro y la saludo con una gran sonrisa. Solo hace falta que me pregunte «qué tal» para que yo mande la máscara a la mierda. Me pongo a llorar y en vez de contestar el «bien» predeterminado para este tipo de situaciones, susurro un «bueno, podría estar mejor», e inmediatamente me siento mejor.

Sin saber cómo, de repente me veo contándole que mi abuela, la misma que nos había preparado la merienda años atrás, murió hace poco. Y, también sin saber cómo, me veo sonriendo al sentirme envuelta en un cálido abrazo. Lloro y sonrío a la vez.

Sintiendo esa coherencia entre lo que siento y lo que hago, me despido y voy para casa.

El olor a las albóndigas de mi madre y la canción que silba mi padre me erizan la piel. No tengo frío, tengo bienestar.

Qué pereza deshacer la mochila y ordenarlo todo. Da igual, lo haré mañana por la mañana. Total, no va a venir George Clooney a visitar mi habitación esta noche.

De repente, ya en la cama a punto de dormir, me siento rara. ¿Qué es?

Intento verme desde fuera. Noto que la piel entre mis cejas está arrugada, estoy frunciendo el ceño. Me cuesta identificar qué me pasa. No lucho. No me sugestiono. Solo siento eso tan raro. Me dejo sentir, y, de repente, estoy dormida.

Al despertarme por la mañana me doy cuenta de que en mi cabeza suena una canción. Es esa canción que desató un concierto privado que una de mis grandes amigas y yo protagonizamos en la cocina de su casa. Pongo la canción y canto. Canto a todo pulmón, protagonizando mi propio concierto, saltando al ritmo de la música. De repente, paro y me observo en el espejo. Hacía tiempo que no me dejaba llevar por lo que me apetecía hacer en el momento, sin pasar el filtro de si era adecuado o no. Me digo a mí misma que tengo que hacerlo más veces. Mola.

Me siento a desayunar y veo que un monstruito se acerca a mí. Es el monstruito de la preocupación por el sentido de la vida. Mierda, ya está aquí. Paro y respiro. Respiro e intento centrarme en el sabor de los grumitos del Cola Cao. El monstruito sigue ahí, así que me quito la capa de Superwoman y llamo a mi madre para que le dé una patada al monstruo por mí. Acabamos riendo juntas al recordar cuando de pequeña me gustaba ponerme las botas a base de pan mojado en yogur.

Salgo a la calle y le compro un ramo de margaritas a mi madre. No porque quiera devolverle el favor o demostrarle que la quiero, eso ya lo sabe. Solamente le compro margaritas porque le gustan.

Al regresar a casa le doy un beso en la frente a mi padre y llamo a una amiga para proponerle salir de fiesta por la noche.

Para saborear un poquito de descontrol.
Soltar mi cuerpo y mi mente.
Dejarme llevar.

Para saborear un poquito de descontrol... El control es agotador. Todo en orden, en su sitio, y el miedo, inoportuno y rebelde, que puede asaltar en cualquier momento. Las chicas del curso me recuerdan que, en el fondo, la mayoría tendemos a las neurosis obsesivas, a las manías, a los pánicos silenciados, a la atmósfera densa que se arremolina en cada uno de nosotros para asaltarnos y asustarnos.

Uno de los grandes males es el miedo a que no te quieran. El miedo a no gustar. Si no gusto es que no me aceptan. Si no me aceptan es que no me quieren. Y si no me quieren... Ah, si no me quieren...

Clara llega mal al curso.

Vamos a empezar un ejercicio, pero la veo ausente y asustada. Como un cervatillo temeroso que se aísla y se protege en un rincón. Diría que hasta le cuesta respirar. Le pregunto qué le pasa. Sonríe sin ganas y me contesta que nada. La miro. Sus ojos están tan tristes...

Algunos susurros entre las chicas me desvelan que el motivo de su evidente malestar es su cumpleaños. Al quedar el problema de manifiesto, Clara se abre un poco y confiesa que no soporta la idea de que llegue esa fecha, la semana que viene, en la que va a cumplir dieciocho años. Para ella es una cifra siniestra y nadie respeta su deseo de no celebrarlo. Solo pensarlo asoman todos sus miedos que se juntan para recordarle, con una insoportable ansiedad, que el tiempo nunca se para y que lo bueno se va con él porque se lo lleva todo.

—Lo pierdes todo —confiesa débilmente, con mucho miedo en la voz y en sus ojos—. Y yo no quiero vivir nada bueno porque el tiempo se lo va a llevar.

De ahí que no quiera celebrar, ni cumplir, ni un año más.

Para ella, los dieciocho son el final de la infancia y el paso a una vida de adulta que significa tener que ser fuerte y saber cuidar de sí misma, sola, y no se ve capaz.

Carlota observa que el tiempo es un modo de controlar, de acotar y, entre comentarios de unas y otras, se despierta un intento de ayudar a Clara, que sigue inmersa en esa nube negra, lugar oscuro, muy oscuro, como reconocen algunas de sus compañeras, pero en el que se sienten falsamente seguras. Tanto que, por mucho que no quieran seguir ahí, no se atreven a salir porque «más vale malo conocido que bueno por conocer».

Bromeo aludiendo a la «gracia» de ciertos refranes. Muchos derrotistas, negativos, aliados de la programación del miedo. Ese miedo que paraliza y envenena. A Clara, ahora mismo, la tiene intoxicada. Y prisionera de la creencia —aunque sea falsa— que supone llegar a esa fecha y cumplir la fatídica cifra que la va a expulsar de la burbuja infantil para entrar en un mundo en el que no quiere vivir.

Pero compartir alivia. Hablar ayuda a sacar a los fantasmas del armario. Así que nos abrimos para que corra el aire y ventile las oscuridades. Que salga la fuerza. O, al menos, sentirla, internamente, íntimamente. Por eso volvemos a la *pussy meditation*.

Miro a Clara.

—Vamos a intentarlo —le digo—. Ya lo has probado. Igual hoy llega algo. Y si no llega, al menos te habrás oxigenado.

Esboza una sonrisa sin ganas. Pero allá vamos…

Cuando terminamos, Clara reconoce que le ha disminuido la ansiedad. Me alegro tanto…

Y entonces unas y otras empiezan a compartir ideas, a hablar. Sin duda, la energía vital se ha activado para todas de un modo o de otro.

Aparece el tema de la masturbación al reconocer ese cosquilleo que han sentido algunas al meditar. Hay chicas del grupo que no se han masturbado nunca. Otras, las que lo han experimentado, observan que masturbarse es un poco como meditar. Y también un camino de autoconocimiento. El sexo es conexión con nosotras mismas, dicen.

Y algunas, que ya lo han practicado, opinan que llevamos una máscara desde pequeñas que con el sexo se magnifica. Hay mucho sexo del ego, afirman. Y hay que practicar el sexo del alma. Entonces Claudia sentencia:

—Cuanto más orgullo pierdo, más siento que gano.

Cuando ellas hablan, aprendo tanto…

Por la noche, Reyes y yo hablamos un rato por teléfono, de cómo está yendo el curso y de las reacciones positivas de las chicas con esta experiencia. Nos preocupa Clara en este momento: su inminente cumpleaños y su rechazo a la mayoría de edad.

Reyes reconoce estar muy atenta y presente con ella. Detrás del pánico que tiene Clara a cumplir dieciocho está su miedo a la vida. Quitársela es una opción. Se lo ha dicho a algunas de sus compañeras del centro. Reyes ha intensificado la comunicación con ella.

Los días pasan y no sé si escribir a Clara. Se lo pregunto a Reyes. Me dice que ha hablado con ella en el centro. Está neutra y no quiere sacar el tema de su cumpleaños.

Le mando un correo sin mencionar esa mayoría de edad que va a cumplir en nada y que no solo no quiere celebrar, sino que pretende eludir a toda costa. Esgrimo la excusa de unos textos que me tiene que mandar y cuál es mi sorpresa al recibir un correo suyo en el que me cuenta que ha escrito algo sobre todo lo que ha estado viviendo.

Escribo esto desde el no sentir nada, desde el recuerdo. El sábado pasado fue mi cumpleaños, cumplía 18 años. Durante las dos semanas anteriores no podía saber qué día era porque me daba ansiedad (mi forma de enfrentarme a las cosas que me dan miedo es haciendo ver que no existen hasta el último momento).

Mi familia decía que soy egoísta por no querer celebrarlo. Yo esto no lo entiendo, pero el hecho de que me digan que soy egoísta me afecta demasiado y hace que instantáneamente pierda mi palabra. Ellos no me iban a respetar, iban a hacer una comida invitando a gente, y yo lo iba a dejar pasar porque no me puedo permitir nada que verifique que soy egoísta. Una semana antes vi que unos amigos habían hecho un grupo que se llamaba «7 de diciembre». Me entró un ataque de ansiedad. A la mañana siguiente discutí con Andrea sobre esto y tuve otro. Me hice daño. Esta semana hago varios síntomas. Pero aun así no siento nada de la realidad frente al día que está llegando de verdad.

Tengo miedo a hacerme mayor: nunca me ha gustado el mundo de los adultos. Me parecen falsos, me parecen ciegos e insensibles. Y soy consciente de que esto es una crítica superbestia e irreal que los mete a todos en el mismo saco de forma injusta. Pero sé que no hay nada más puro que la infancia. Supongo que será porque los adultos arrastran un pasado más largo y, por ello, con más traumas o malas influencias.

Por otro lado me da la sensación de que uno ya no se puede columpiar en el mundo de los adultos y seguir viviendo. Tienes que defender tu persona como que vales algo, lo cual me parece lo más imposible del mundo. Y menos con estabilidad a lo largo del tiempo.

Me da miedo el paso del tiempo, perder las vivencias y convertirlas en memorias. Porque creo que una memoria es una copia degradada de una vivencia, y por ello interpreto que el tiempo te arrebata y rompe todo lo que pasa por tus manos, por preciado que sea. Sé que es muy trágico de ver, pero soy incapaz de sentirme conformada con solo los recuerdos de aquello que me hizo vivir un poco más en su día.

Le contesto a Clara y le doy las gracias por su generosidad y su franqueza. Ya ha pasado, le digo. Ya ha cumplido esos dieciocho tan temidos y no ha ocurrido nada, ningún drama, ningún desastre, ninguna catástrofe.

Cuando nos reencontramos en el curso nos damos un abrazo. Ella, que tanto temía no poder ser fuerte, ha superado con creces cualquier expectativa. Sonríe, una vez más.

Pero esta vez no fuerza la sonrisa. Algo ha cambiado en Clara. Ha traspasado un umbral. Y no es el de la mayoría de edad.

Estamos ya a pocos días de la Navidad y Claudia llega al curso con un nudo de dolor provocado por su familia. No la quieren. No la quieren en casa por Navidad. Si hasta la publicidad turronera proclama la vuelta al hogar en esas fechas, en la casa de Claudia no están para regresos ni suscriben la campaña navideña.

Su familia le ha dicho por teléfono a través de la voz de su madre que, bueno, que mejor que no vaya, que total, pegarse el palizón de Barcelona a Santander no hace falta. Al final, Claudia ha zanjado las excusas entrando con la verdad y es que su familia no quiere pasar las Navidades con el miedo a que la niña se tuerza, que la niña restrinja, que la niña monte numeritos con la comida y les amargue las fiestas.

Claudia tiene mucho dolor. Se quedará en Barcelona. En el piso, con amigos. Aprieta el corazón para ser fuerte y hacer ver que no duele. Pero duele.

Ultimo día de curso antes de Nochebuena. En el centro se organiza una comida prenavideña a la que estoy invitada. Preparan una larga mesa en forma de ele en la sala donde damos el curso y en la que estamos todas junto con mi amiga Reyes y su socia P., directoras del centro, así como el resto de las terapeutas, la secretaria, la cocinera y las chicas. Una concurrida mesa de mujeres en la que predominan las risas y las charlas distendidas, pero también los silencios y alguna que otra mirada incómoda y asustada cuando llegan la sopa de «galets» tradicional, el pollo al horno y un suculento postre de chocolate amargo con helado y nueces para que, sobre todo las chicas, disfruten del placer de algo exquisito.

Antes de desmontar las mesas, se intercambian los regalos del amigo invisible junto con algunas canciones medio en broma y brindis de buenos deseos para sentarnos luego todas en el suelo (hoy no hacemos curso) y celebrar el alta de una de las chicas, Laia V., a quien conozco hoy porque ya no viene por el centro.

Laia V. ha tardado dos años, desde que llegó al centro, en recibir el alta y poder celebrar que está curada. Su recuperación ha pasado por tres fases en Setca, según me explica Reyes. Se estructuran partiendo de una primera en la que se trabaja la obsesión y todas las conductas y síntomas en relación al cuerpo y a la comida, así como el uso y abuso de laxantes y diuréticos. Cuerpo y comida determinan el primer aspecto del tratamiento para que la paciente comprenda qué le sucede, y tome conciencia de la enfermedad y entienda que debe pedir ayuda.

A partir de ahí, cuando la paciente ya es más consciente del síntoma y del fondo de su problemática —no solo del miedo a engordar o de la distorsión de la imagen corporal—, es cuando empieza a comprender los miedos que están bajo la punta de ese iceberg aparentemente físico. Y ahí afloran, por ejemplo, el miedo a crecer, el miedo a equivocarse, a no gustar, a sentirse sola, y cuando empieza a verlo y ya es capaz de pedir ayuda por sí misma, pasa a la etapa dos.

En esta etapa se trabaja la parte más importante de la persona: la autoestima, la confianza en sí misma, la no evitación de conflictos y las habilidades sociales, es decir, una labor profunda para que la paciente se conozca y empiece a ser una zona de seguridad para sí misma. Es la etapa más importante del tratamiento. Lo que no se ve, bajo la punta del iceberg, y que es fundamental en cuanto a autoestima y a la valoración de uno mismo.

Y ahí el camino empieza a ser un poco más esperanzador porque se van quitando pautas para que la paciente vaya decidiendo ya lo que come, pueda ir al gimnasio, se cocine y se anime a gestionar su vida.

Así se llega a la etapa tres, que trata la prevención de recaídas. Es un control de la paciente conforme va viviendo su vida y no tiene conductas de síntoma. En esta etapa, acude cada vez menos al centro: al principio una vez al mes, luego cada tres meses, después cada seis, y, al final, llega el alta definitiva.

El momento compartido es intenso. Hay lágrimas, hay risas, muchos recuerdos, y es que Laia V. es la heroína que regresa vencedora de una dura batalla. Ella es el ejemplo para las demás de cómo se puede salir del TCA con esfuerzo, confianza, «cabezonería» (según sus propias palabras), con amor, por supuesto, con paciencia, con mucho valor, y, al final, con la recompensa de tenerse a uno mismo.

Los abrazos envuelven el fin de fiesta, una fiesta que, gracias al emotivo y sincero testimonio de Laia V., nos deja con un dulce sabor a esperanza.

Pero las Navidades llegan y remueven los miedos. Afloran aunque ellas no quieran. Aunque se hayan llevado el ejemplo de Laia V. como prueba de que es posible salir de la caverna, como en la alegoría de Platón, y ver al fin la luz.

Para ellas, las «fiestas» no son tales. De festivo tienen muy poco y representan vivir a la defensiva frente al monstruo escondido bajo los manteles de hilo y las decoraciones navideñas. El pantagruélico festín de las fiestas es el terror convertido en comida para estas mujeres que las detestan. Todo el mundo come, come y come, y bebe, y celebra, y ellas agonizan entre brindis y platos rebosantes de todo cuanto rechazan esperando el momento de poder escaparse para ir al baño, a escondidas, y sacar lo que han tenido que tragar a la fuerza. Y no es solo comida…

Los estudios sobre salud mental determinan que más de la mitad de los jóvenes entre quince y veintinueve años tienen problemas con la alimentación y el 70% de los adolescentes, tanto chicos como chicas, reconoce no sentirse a gusto con su cuerpo. El físico, la apariencia, gustar y triunfar se han convertido en prioridades para los más jóvenes hasta el extremo de que, a nivel mundial, el número de casos de TCA se ha duplicado en las últimas dos décadas. Y las cifras aumentan día a día en lo que a trastornos psicológicos se refiere. Eso, los que entran en las estadísticas. ¿Y los que no? ¿Y los que callan, los que no se atreven a decir nada, los que se avergüenzan de lo que sienten y les pasa?

Porque te da vergüenza decir que estás mal, que tienes ansiedad y pánico a todas horas, que temes caer en la locura y no poder ocuparte de tu vida, ni estar bien contigo ni con tus seres queridos, y existir con esa agonía permanente que no se resuelve por más que lo intentes. Es tal el miedo a decir lo que te pasa y que no te entiendan. Que no te quieran. En el fondo, detrás de todo, acecha ese miedo. Siempre.

En esos estudios que calibran el equilibrio psíquico de la juventud se reseña también que cuando las chicas están mal con su cuerpo, van a Instagram buscando alguna pauta para sentirse mejor y lo que encuentran las hace sentir peor.

De hecho, cada vez son más las jóvenes que se someten a operaciones de cirugía estética, que se pinchan bótox con apenas veinte años o que quieren ser exactamente como la *influencer* de turno o como los filtros de Photoshop las muestran, retocadas en una aparente perfección de juventud y belleza.

Siempre han existido desequilibrios mentales, dolencias psíquicas, e incluso trastornos alimentarios con anorexias relevantes en siglos pasados, pero, por lo general, se han silenciado.

Es curioso: si te rompes una pierna, todo el mundo lo entiende. Pero no es lo mismo si tu mente se resquebraja. Así se sienten estas chicas: solas en una isla, aunque no precisamente paradisíaca. Y durante las fiestas navideñas la sensación de aislamiento recrudece y también el problema.

Algunas me escriben. Como Neus.

Hoy es un mal día, un día en el que la enfermedad me ha dominado y aun estando en el centro no la he podido mantener a raya; cuantas más horas pasaban, cuanta más comida acumulaba, más fuerte era ella. Hoy es un mal día y por eso no debería escribir, precisamente hoy, no debería porque en los malos días solo habla la enfermedad; mis pensamientos, mis sensaciones, son suyos. Yo solo soy su mensajera. Es raro, pero es en estos días cuando más me inspiro para escribir. No es tan raro ahora que lo pienso, porque es cuando soy pura enfermedad que mi cabeza va a mil y tengo tanto ruido mental que necesito deshacerme de él de algún modo. Hace tiempo aprendí a deshacerme del ruido no comiendo, pero ahora no es una opción (por mucho que lo anhele), y no hace tanto tiempo fueron las autolesiones mi vía de escape, pero eso también tuvo que acabar, también me lo quitaron. Así que me queda escribir (no es ni la mitad de placentero, porque me sigo sintiendo una mierda igual. No consigo que mi cabeza calle, no consigo perdonarme por haber comido). Pero, bueno, aunque de poco me sirva al menos mis pensamientos fluyen de manera más poética.

Del pozo uno quiere salir. Pero, cuando lo intenta, parece como si las paredes tuvieran aceite.

Rocío me manda un texto que escribió el día anterior.

Iba en el autobús ya lo suficientemente triste como para echarme a llorar, tan fuerte el dolor, más que mi fobia social, mi agorafobia y todas esas mierdas que tengo.

La gente mayor se compadecía de mí y me ofrecía sus asientos. Era el cuarto día que llevaba el chándal de mi padre, no es que solo estuviera fea, la cosa es que no estaba, no era nadie, no era nada, solo un punto negro, un agujero negro... no sé, algo negro.

Algo negro opaco que quiere ser transparente, invisible. Pero es oscuro.

Podrían preguntarme si se me había muerto la abuela, o el canario... porque es cierto que voy de luto. Pero de luto por mí, por mi propia muerte.

Al bajar en mi parada, disminuye la ansiedad y puedo aguantarme las ganas de llorar. Camino. Hasta casa. Muchas luces navideñas en las calles. Odio la Navidad. Si estoy triste la Navidad siempre me hace estarlo mucho más. Trago saliva. Camino. Hasta casa. Pero antes de llegar a mi portería, le veo. Le miro. Me fijo. Tiene más barba y la chaqueta que lleva se la regalé yo.

Empiezo a recordar y me entran como unas ganas horribles de besarle, o de matarle, o de las dos cosas a la vez.

Pero sigo caminando. Con mi chándal. Con el cartel de «Hola, soy una chica con trastornos mentales que lo ha dejado con su novio y se ha quedado "loca"» y luces de neón.

Antes me importaba mucho que me viera guapa, ahora me importa que me vea débil. No quiero que me vea debilitada. Que estoy muerta. Que he muerto por él.

Subí rápido las escaleras, me encerré en mi habitación, y me miré a un espejo. Lo apreté, lo estrujé, hasta verme en trocitos rotos y por fin desapareciendo.

Solo así calma.

Es un texto que he escrito por algo que me ha pasado hoy y al guardarlo me ha dado ganas de enviártelo.
Besitos, te enviaré lo que te debo más adelante...

¿Por qué no nos queremos? ¿Por qué no sabemos querernos? Argumentamos haber topado con familiares y con imbéciles que no nos quieren. Sea tu madre, tu padre, tus abuelos o el novio, que te quedas como un regalo, que no te gusta o que no es de tu talla, pero que lo aceptas sonriendo falsamente con un «Oh, qué bonito, gracias, me irá genial con...» nada. La madre que no te atiende o el novio que no te cuida no te quedan bien con nada.

Pero esa familia esquiva y huraña, poco amable y empática, y esa pareja desagradable que solo te da migajas, si es que te da alguna, te hablan de ti. Duele. Un montón y parte del otro. Duele que no te quieran, sí. Pero duele más descubrir que no te quieres tú, que no te gustas, que no te valoras, entre otras cosas porque no te ves, ni sabes quién eres realmente.

No sé por qué las Navidades nunca acaban de darle un hueco a la ilusión.

Clara me escribe un mail extenso y confidencial.

O al menos tengo esa impresión. Quizá sea esa saturación simbólica; esa obligación de juntarnos hace que todo choque, las cosas se rompan a pedazos y el vaso se derrame. Y además existe esa enorme presión por vivir la felicidad más que nunca. Claro que las luces en las calles y volver a ver caras que hacía tiempo que no veías dan un poco de calidez. Pero no sé, siempre queda un poso a final de año. Y todo esto lo digo sin haber procesado aún el cambio de año.

Qué locura aceptar que ha pasado todo tan rápido. Cuántas presiones por todos lados. Este año, como muchos otros, mi familia se ha vuelto a encontrar, con alguna falta y miembros nuevos; y, como en muchos otros, se ha roto. No sé si definitivamente. Supongo que no.

Tengo cuatro hermanos mayores que han vivido toda la vida con el peso de tener que ser hombres. Pero cuando resulta que una de sus cosas más preciadas les ha hecho un daño irreparable, han necesitado sentir. Tal vez es la primera vez que se han visto en esta situación. Yo, la chica y con un trastorno alimentario tonto, ya soy hipersensible porque alguna que otra vez me han visto llorar. Y ahora, después de tanto rechazo, es vital que den un poco de vida a sus corazones oxidados. El 25 de diciembre del año pasado llegamos tarde a la comida de la abuela porque Igna y Lucas lloraban. Y tal vez eso fue lo mejor de esas Navidades. Este año Igna y Lucas son personas diferentes, han crecido, yo les he visto crecer. Ahora son personas que sienten, se emocionan, están tristes e incluso a veces lloran. Y qué mágico es eso. Y este año se pelearon Gus y Lucas, y Gus dijo que no volvería nunca más. El día en que Gus se fue por la puerta, yo me fui dos días como a un oasis, me fui preocupada porque me daba miedo que nunca nos liberásemos de todo lo malo que papá nos había hecho heredar. La noche siguiente me llamó Lucas preguntando por mamá y yo le dije que mamá lloraba porque nada tenía sentido si entre nosotros nos rompíamos. Y tal vez hablamos una hora sobre quién tiene razón y quién no. Al día siguiente Gus le escribió pidiéndole perdón. Y un poco más tarde me lo pidió a mí. Y no sé, pero era la primera vez que le veía pedir perdón. O al menos dar una muestra de cariño. Y qué felicidad ver que puede que las personas sí que funcionen…

De todas las verdades y sensaciones que me transmite Clara tan generosamente, me conmueve su sensibilidad femenina al destacar que sus hermanos han crecido y ahora son «personas que sienten, se emocionan, están tristes e incluso a veces lloran, y qué mágico es eso». Si tan solo nos atreviéramos todos a mostrarnos, sin corazas ni disfraz…

¡Buenas tardes, Anna, feliz Navidad y feliz año!

¿Cómo estás?

Perdona por no haberte escrito antes, pero las Navidades ocupan demasiado espacio en mi cabeza y aún no soy capaz de vaciarlo yo misma. He estado un poco ocupada intentando flexibilizar y salir de mi rutina habitual.

Hoy he llegado a casa y por fin he suspirado aliviada. Ya han pasado los días que más miedo me dan. Así que mi cabeza ya me ha permitido ponerme a escribir.

Te mando en breve los trabajos. Me ha gustado ponerme, echaba de menos escribir. Espero reemprender el curso con esas ganas y esa ilusión que nos caracterizan.

Un abrazo,

Aitana

Y retomamos el curso.

Después de pavos y turrones, uvas y roscones, guardamos las zambombas y las guirnaldas, nos inflamos a antiácidos y queremos subir enero con su cuesta y el firme propósito de ponernos a dieta, ir al gimnasio y ser mejores en todo, incluso en el intento de cumplir la lista de buenos propósitos que probablemente abandonaremos sin éxito.

Así que cuando volvemos al curso, pasadas esas fiestas tan terroríficas para las chicas, celebramos el reencuentro y hay como un suspiro de alivio generalizado después de haber sorteado la gincana navideña.

Antes de ponernos a trabajar, les leo algunos fragmentos de *Come, reza, ama* para empezar el año con la predisposición general a desgravar en cuanto a control y obsesiones varias.

—«Si liberas el hueco que tienes dedicado a obsesionarte [...] te va a quedar un vacío en la cabeza, un espacio abierto, una puerta. ¿Y a que no sabes lo que va a hacer el universo con esa puerta? Pues entrar por ella. [...] Eres una manipuladora obsesiva. [...] Eres una mujer fuerte que está acostumbrada a salirse con la suya, y si hay algo que desquicia a una manipuladora es que las cosas no le salgan como ella quiere. [...] A ver si aprendes a dejar que las cosas pasen tranquilamente. [...] En algún momento, como siempre me dice Richard, tienes que aceptar las cosas como son y quedarte quieta y dejar que las cosas pasen solas. [...] Ese es el mensaje que tengo que asimilar. Quédate quietecita y deja de meterte en todo sin parar».

Este es un mensaje que deberíamos asimilar. No hacer, dejar que suceda y dejar de meternos en todo sin parar. Soltar, confiar. Todas consideramos que sí, que puede ser, que tal vez… Pero que no es fácil. De hecho, a algunas les parece imposible.

En realidad, la cuestión que sobrevuela los intentos es: ¿de qué va todo esto?

Las agujas del reloj van avanzando. Yo, mientras, espero sentada a que, mágicamente, se me plante delante la gran respuesta sobre el sentido de mi vida. Pero no me viene, no aparece, y yo ya estoy cansada. Estoy cansada de esperar, porque ya llevo tiempo deseando que aparezca no sé qué o quién para decirme quién soy, qué sentido tiene mi vida y qué es lo que quiero. Pero sigo esperando sentada, delante del reloj. Quiero aprender a caminar, y aun así continúo sentada, no me atrevo ni a levantarme, tengo miedo. Tanto miedo a caer que las ganas de levantarme y caminar pierden el sentido. Tanto miedo me ciega. Estoy perdida.

Ona me había enviado este mensaje antes de ir al curso. En sus palabras está esa inquietud silenciada, pero real. De un modo o de otro, ahí surfeamos todos, perdidos en este espacio infinito, que encima se expande por si no fuera lo suficientemente grande, y en el que somos un punto hiperminúsculo aunque religiones y autoayudas diversas nos alienten a creer en nuestra inmensidad interna. En resumen: que vivimos colgados de un interrogante como si fuera un columpio en medio del cosmos expansivo. Y claro, eso da susto. De ahí las ansiedades, los malestares existenciales y el surtido variado de dolencias mentales que nos afectan a la mayoría aunque disimulemos con la apariencia de los mejores *instagramers*.

Porque puestos a hilar fino, nadie sabe nada, que ya lo dijo el filósofo, Sócrates o Platón, porque en materia de derechos de autor tampoco se conoce con certeza quién puso en palabras el gran dilema de la existencia.

No saber es la única certeza, al parecer. Así que cuando uno se adentra en esa ignorancia y empieza a ver todo el follón exterior organizado para conseguir lo que sea, pues es como para saltar del columpio o, mejor, fugarse a una isla —en este caso sí, paradisíaca— donde no haya más cobertura que unas palmeras para resguardarse del sol y de las lluvias. Porque saltar tampoco soluciona gran cosa. El dolor, quizá. Cuando es insoportable, cuando la mente se dispara y te enloquece, cuando aquello que te ha arrastrado al tormento arrecia hasta llevarte al infierno, saltar es lo que se identifica como alternativa para acabar con el sufrimiento.

No es que no quieras vivir. Lo que no quieres es vivir *así*.

Si es que a ese estado se le puede llamar «vida», que lo es, porque estás aquí, respiras, te mueves, pero eres como una especie de zombi que agoniza todos los días. Vivir con ansiedad, con pánico, con una cabeza que no calla, que no te deja dormir ni descansar, que te martiriza día y noche, cuestionando el sentido de todo sin vérselo a nada, es un estado que difícilmente tiene calificativo para ser descrito.

Las chicas lo sufren día a día. Y durante estas «fiestas», que para la mayoría han tenido poco de festivas, lo han padecido con mayor intensidad.

Les pregunto si quieren hablar de ello. Cómo han ido las Navidades, cómo se han sentido. Sixtine es la primera que quiere compartir su experiencia.

—No han sido las mejores Navidades —confiesa—. Pero en Fin de Año tuve una revelación: la enfermedad no me dejaba disfrutar. Eso hizo que ahora haya empezado a luchar con más determinación. Así que yo diría que estas Navidades no han sido las mejores, pero me han ayudado a ver que tengo que seguir luchando. Y… bueno, también tengo que decir que ante la comida he sentido miedo.

Sixtine sonríe y se acurruca en su silla.

A su lado, Alba empieza a hablar para contarnos que ella, en cambio, se ha sentido...

—Muy a gusto. Han sido unas fiestas muy completas: trabajo, familia y novio. Estoy muy contenta, no han tenido nada que ver con las Navidades pasadas. No he sufrido, no me he preocupado, he podido fluir y he disfrutado de la espontaneidad.

Todas sonríen al escuchar a Alba. Es un rayo de esperanza, un soplo de aire fresco. Algo que se abre, internamente, como diciendo: «Es posible... Puede ser que lleguemos a curarnos, a sentirnos bien. A ser felices». O simplemente, a estar en paz. Con la mente tranquila, como un mar en calma.

Rocío no ha estado en calma. Se fue a su pueblo en Andalucía.

—Hacía nueve años que no iba y ha sido muy difícil. Complicado con la familia. Mi madre quiere que seamos como mi abuelo ordena y yo he estado todo el rato con un palo en el culo. Me comí las uvas con mi hermana porque todos mis familiares estaban durmiendo. En el pueblo me he encerrado en una burbuja, he evitado todo lo que me había propuesto hacer, salir a dar paseos, moverme... Y con la comida he controlado demasiado. Aquí estoy mejor. Me he cansado de estar mal allí y aquí he venido con más fuerzas. La verdad es que quiero olvidar todo lo que he pasado en el pueblo porque recordarlo me duele mucho y no quiero hablar de ello.

Clara toma la palabra para contarnos que, para ella, las Navidades han pasado muy rápido.

—El estrés no ha parado. Cuando se junta la familia y hay heridas abiertas es muy duro. Ha habido choques y pérdidas. La verdad es que aún no he sentido el año nuevo. Pero también han pasado cosas nuevas. Dentro de las peleas, mis hermanos han crecido y se han pedido perdón, lo que es muy fuerte. Pero también he estado muy desconectada porque sentía que perdía a personas que no quiero perder. No he podido ocuparme de lo mío porque tenía que ocuparme de mi madre, a quien se le caía el mundo.

Ainara se suma al sentimiento de Clara: también para ella ha sido difícil.

—Han sido las primeras Navidades que he dejado el control. He tenido mucha ansiedad, mucho miedo, frustración, agobio… Muy difícil todo. Ahora estoy más tranquila ya porque, bueno, vuelvo a la rutina. Y además algo importante para mí es que… —Respira y lo suelta—. Estoy empezando a aceptar que estoy enferma.

Lo dice y mira a sus compañeras. Todas, de una u otra manera, le devuelven la mirada correspondiendo a esa afirmación aunque… ¿Están enfermas? Suscribimos como sociedad y etiquetaje general que las dolencias, físicas o mentales, son «enfermedades», pero cuando duele el alma, ¿cómo se llama?

Carlota reconoce no haberlo pasado demasiado bien durante las Navidades porque se le han juntado muchas cosas.

—He sentido mucha presión, soledad, abandono, incomprensión… y enfado. He estado muy enfadada y con un estrés mental que me ha llevado al insomnio y a que se me cayera el pelo. Las situaciones en casa, en el centro y en el colegio se han juntado y han afectado a mis vacaciones. —Inspira—. Suspendí dos asignaturas y eso en mi casa está muy mal visto. Me han presionado muchísimo por ello. Me desinstalé Instagram y mi padre me dijo que nunca me enfrento a mis problemas, que siempre lo evito todo, que el TCA es una chorrada y que no quiere entenderlo. Para él, el TCA es «hay un chico guapo, no le gusto, vomito».

Carlota me mira con tanta tristeza… Ha estado sufriendo y su padre (que se supone la quiere) no la entiende. O no quiere entenderla, como dice Carlota. No se plantea ni siquiera el esfuerzo de empatizar o, al menos, acercarse a la situación que, en este caso, su hija le plantea. «Son manías». «Son tonterías, chorradas». «Estás así porque quieres». Aclaración: nadie está *así* porque quiere.

Claudia entra en ese momento a contarnos sus Navidades lejos de su familia.

—La verdad es que he estado fuerte, pero asimilando. Recibí una llamada de mis padres y no fue nada fácil. Me hablaron como si nada hubiera pasado haciéndome preguntas, que qué tal, que qué callada estaba, que qué iba a hacer… Y yo contestando con monosílabos y ellos seguían, que qué me pasaba (lo sabían de sobra, de hecho yo creo que me llamaron por la culpa que sentían), que si estaba enfadada o algo. Les dije que sí, pero he estado bien, solo necesito tiempo, y me dijeron que bueno, pues eso es lo importante, que cada uno esté bien y se proteja. Cuando colgué, rompí a llorar… Pero, al final, lo he pasado mejor de lo que esperaba.

Neus interviene brevemente solo para decir que ella ha estado bastante bien.

—Con la familia, mejor. He intentado no aislarme y romper el rol de callarme. He tenido miedo a la comida, pero no me ha limitado.

No añade nada más. Se encoge en la butaca y le cede la palabra a Aitana.

—Pues yo he estado muy contenta por haber participado en la cabalgata de Reyes de Barcelona. Estuve muy agobiada hasta el 31 de diciembre, pero después ya mucho más tranquila, aligerada. Dejar atrás el año fue como haberme quitado la mochila de piedras. La verdad es que no pude evitar llorar de emoción al entrar en el año nuevo. He pasado la Navidad en Alicante, donde vive parte de mi familia, y bueno, tengo que reconocer que el control se me disparó sobre la comida y el cuerpo sobre todo porque, en este aspecto, me afectó mucho un comentario de mi tío diciéndome: «Sobrina, deja de comer ya, ¿no?». Fue jodido, pero ya está…

Ona reconoce que estas Navidades, en comparación con las anteriores, han estado bien en general.

—Es que las pasadas fueron horribles. Sí que he tenido momentos y situaciones de inseguridad, pero estoy mejor al ver que mi familia ya no tiene que estar pendiente de mí, de que coma, y parece como si todo se fuera normalizando.

Para Lucía, en cambio...

—Ha sido muy duro. El 31 llegué al fondo del pozo y dije *se acabó*. Sentía que no tenía nada a lo que agarrarme, que no tenía sentido seguir.

Lucía estuvo ingresada varios días en estado muy crítico. Cuando le dieron el primer permiso para salir un rato fue a dar una vuelta con su madre, pero se escapó corriendo. Su madre se puso a gritar que alguien la parara y un taxista lo hizo.

—Eso me hizo reflexionar sobre qué habría pasado si nadie me hubiese parado. —Lucía lo dice con profunda tristeza, pero luego esboza una sonrisa cuando añade—: Creo que llevo muchas piedras en la mochila de las que es muy difícil deshacerse, pero ahora tengo más fuerzas para luchar y lo digo en el sentido de «año nuevo, Lucía nueva».

Entonces, sonríe un poco más.

Cada paso y cada caída, cada lesión y cada recuperación son engranajes de un recorrido que parece eterno y sin sentido. Pero, si al levantarte te sientes un poco más fuerte, un poco mejor y, sobre todo, un poco más tú, conectada a ti, a quien eres profundamente, entonces el sentido mismo abre camino y la superación puede llegar incluso a ser estimulante, una aventura para explorarte y descubrirte a ti mismo.

Podrá parecer una chorrada. Cuando estás mal, lo es. Si no tienes ni ganas de levantarte de la cama, que no te vengan con viajes exóticos hacia las maravillas del ser. Pero puede ser que un día algo cambie, y entre un poco de luz, de aire...

Algo parecido me escribe Alba al día siguiente del curso:

> *¡Hola! Quería contarte que últimamente me cuesta dormirme por las noches, y quería decirte... ¡que estoy usando la meditación para conseguirlo! Me descargué una aplicación que me recomendó mi hermana, en la que la meditación es guiada (lo cual me va genial: que vayan hablando e indicándome cómo tengo que ir respirando, etcétera... Como haces tú en el taller) y ¡guaaau!, nunca logro acabarlas porque siempre me duermo antes. Estoy encantada, así que gracias por haberme descubierto este mundo. Hacía tiempo que me despertaba interés, pero nunca me había adentrado en él.*
>
> *¡Un besote!*

Cuando ocurre algo así es como un brinco de alegría. Una especie de *¡Sí, bien!* Se ha filtrado un rayito para iluminar la oscuridad.

Le contesto a Alba dándole las gracias y pidiéndole que se deje llevar hacia sí misma siempre que pueda. Que lo intente, que no desista.

Cuesta. Y lo sabemos. Y lo repetimos. Como un mantra si hace falta, para no olvidar que no existen soluciones rápidas, ni mágicas. Y a veces cuesta más porque en la misma lucha para deshacerse de la garrapata, resulta que la garrapata se aferra con mayor intensidad.

Hay que aceptar para relajar, dicen. Que lo que resistes, persiste, aclaran. Pero cuando la garrapata aprieta, uno no sabe cómo aceptar y relajar nada.

Diría, sin embargo, que en su constante vaivén existencial, las chicas se están abriendo, soltando más y confiando en el proceso que estamos viviendo. Sí, diría que algo está cambiando. Para mejor...

Buenas noches, Anna,

Esta tarde he encontrado en la escritura un refugio. He salido del centro y me he puesto a llorar. Me he sentado en un banco y me he puesto a escribir. He llegado a casa y, al mirarme en el espejo, me he visto sonriendo. Te juro que gran parte del ruido mental que tenía ha desaparecido, y ni siquiera le he puesto una solución. Simplemente se ha ido.

Te mando el escrito que me ha cambiado la tarde. Es sobre lo que nos has ido hablando y estamos trabajando acerca de la mejor versión de nosotras mismas.

Me lo he pasado en grande escribiéndolo.

Ahí va.

Un abrazo muy muy muy grande como el que tú me diste ayer al acabar el curso.

¡Por cierto! Estoy yendo a la Coco Comín a hacer mi primera clase de jazz en este nuevo yo.

Este es el texto:

Aitana Alonso. He vuelto. Me puse el maillot, las medias rosas, me hice el moño y no pude evitar hacer una aparición estelar en el comedor cual Superman y decirle a mi padre: «Papá, HE VUELTO». Así, con mi nuevo culo y mis nuevas tetas dentro del maillot de cuando estaba en infrapeso que aún me vale.

Salí tan contenta hacia la academia, sonriendo cual enamorada. Todo me recordaba a antes: el mismo camino, el mismo olor, el mismo profesor, pero había una pequeña diferencia: yo no era la misma. Mi esencia sí lo era, pues Aitana sigue siendo Aitana, pero la mente y el cuerpo de Aitana son otros. Si más no están en el camino de ser otros.

Así que, al entrar a la academia, hice un trato conmigo misma: ese espacio pasaría a ser enfermedad free. *Al menos lo intentaría. No me centraría en mi cuerpo, no pensaría en quemar, no haría las compulsiones que mi TOC me dice* que haga para bailar mejor. *Fuera. A partir de entonces ese espacio sería donde yo pondría en práctica una mente normal.* «Ilusa de mí», pensé cuando se me ocurrió ese pacto. ¿Cómo narices iba yo a hacer eso? Total, que al cabo de una hora y media salía yo de la academia, pelo amorfo al haberme deshecho el moño, maillot con cercos de sudor, agujetas de «no tenía ni idea de que este músculo existía hasta que me ha empezado a doler», y sonrisa Profident.

¿Cómo narices lo había hecho?

¿Cómo lo había conseguido?

Muy fácil.

Y es que realmente no sabes lo que tienes hasta que lo pierdes. La danza había actuado sobre mí cual medicina. Me ayudó a salir de mi ombligo, a ver que en la vida hay mucho más que mi cuerpo y yo. La pobre se había visto obligada a formar parte de mi enfermedad, y poco a poco se fue volviendo patológica. Hasta ahora. Ahora la danza es pasión, es disfrute, es vida. Es hobbie. No es la presión de «tienes que hacerlo bien porque quieres vivir de ello y si no te sale bien nunca lo vas a conseguir porque, fíjate, hay muchísimas chicas mucho más buenas que tú y tú eres una mindundi que no vas a conseguir nada porque estás haciendo este paso fatal, y si no sabes hacer ni este paso que es tan básico cómo narices vas a conseguir hacer algo más en tu vida» (léase cogiendo carrerilla y sin respirar entre palabras).

Eso pasó a la historia.

Ahora la danza es ¿Lo hago mal? Pues vale. *Lo único que quiero es sentirlo dentro.* ¿Que no me sale? Pues vale. Que no me salga. Quiero que me haga vibrar, que me haga sentir, que me haga sonreír. Eso sí que es bailar. Y estoy segura de que cuanto más lo disfrute, cuanto más lo viva, más voy a mejorar. ¿Cómo iba a mejorar si todo lo que hacía era mandarme mensajes de incapacitación y negatividad?

A partir de ahora voy a bailar. Bailar con el cuerpo y con la mente.

Qué liberador es escribir, Anna.

Un abrazo.

Aitana

Le contesto a Aitana diciéndole que creo que, además de danza en la Coco, tendría que bailar sevillanas porque ¡olé, ella!

Me encanta lo de *enfermedad free*. Lo vamos a acuñar. Se está descubriendo: ni frágil, ni bestial... todo. Porque en todos está todo. La bestia y la bella.

Enero termina y en el curso vamos a entrar en la segunda fase para trabajar todo cuanto las chicas sienten que quieren y pueden llegar a ser.

Pero antes comparten sus textos que resumen lo que han ido experimentando y descubriendo estos meses junto con la revisión de la primera parte de los cuestionarios y de los ejercicios que les han permitido tener visiones distintas de su situación y de sí mismas.

—«Odiaba el colegio. Me habría muerto hace mucho tiempo si esos dolores de barriga que le decía a mi madre que tenía para no asistir a clase hubieran sido ciertos. Lo que realmente me dolía era la gente, y sobre todo me dolía yo misma. Y era un dolor insoportable. Era doloroso no tener amigos, y sí enemigos. Los insultos, la invisibilidad, la inutilidad, mi debilidad. No tener con quién hacer el trabajo de Ciencias. Tenerme que sentar en el último pupitre. Ser tan pequeña y estar tan sola. El colegio y sus niños me enseñaron lo que era la agorafobia, y los maldigo por cómo soy ahora.

»Para una niña con mucho miedo al mundo, cualquier sitio es peligroso. No me gustaba el colegio, porque era muy insegura. Estaba muy asustada. La gente, los niños, me parecían monstruos, aunque solo fueran niños también asustados, como yo. Ellos utilizaban un vocabulario con palabrotas, y yo, apenas sabía hablar. Yo callada, intentando ser invisible.

»Ojalá nos hubiéramos saltado alguna clase de Matemáticas para hablar sobre la empatía. Creo que los monstruos hubieran sido menos monstruos, y yo no hubiese acabado siendo uno de ellos».

Quien ha leído el texto es Rocío. Su voz grave ha puesto el tono a esta melodía narrativa. Cuando termina, se cala su gorro negro y estira las mangas de su gigantesca sudadera también negra. Me mira. Le digo que es una artista como la copa de un pino. Sus labios pintados de rojo se abren con una sonrisa.

Claudia es la siguiente. Confiesa estar descubriendo un montón de cosas desde que empezó el curso.

—«Unas me han gustado más y otras menos. Descubrir que las cosas que más repudio tanto de mi padre como de mi madre las tengo yo no ha sido un plato de buen gusto, y mira que soy de comérmelo todo, je, je, pero este, la verdad, no me ha sentado del todo bien. Me genera rabia sentir que hayan podido pasarme o enseñarme esos "defectos" que me han jugado malas pasadas en mi vida y quizá, también, un papel importante en mi enfermedad. Por otro lado, me reconozco en cosas buenas de las que estoy orgullosa y agradecida. Pero no me gusta encontrarme con tanta rabia, con tanta ira, hostilidad… Me siento terriblemente abandonada.

»Desde el día en que recaí, hace cuatro años, siento como si un camión me hubiera atropellado y cada día me despierto pensando que estoy viviendo una pesadilla que no termina. La tristeza aumenta y el pesimismo también. ¿Qué coño hay dentro de mí que no me deja avanzar? ¿Qué hay dentro de mí tan feo que no quiero ver, aceptar y perdonar para seguir con mi vida siendo capaz de soportarme? No puedo, no quiero verlo, el dolor me puede aunque, de cara a la galería, siempre hay que estar a la altura, y claro, estas cosas terminan pasando factura».

Claudia levanta la mirada del texto. Esto es lo que hay, afirma. Pero reconoce estar mejor, sentirse más fuerte, más ella. Independiente.

Patri toma el relevo y empieza a enumerar los cambios, para ella tan significativos como:

—«De la poca tolerancia y rigidez con mis padres he pasado a no discutirnos en casa, hablar las cosas, hacerles detalles…

»La inseguridad de ir por la uni o cerca del cole por si me encontraba a algún chico del cole ni la tengo presente; es más, si los veo me siento protegida.

»El miedo ante una posible ruptura con mi novio ha pasado a abrirme los ojos y ser más crítica y ver que no solo yo tengo defectos, sino que él también los tiene y hay cosas que me gustaría que él también cambiara. Tampoco busco su reafirmación, los celos además ya son mínimos...

»Lograr no controlar y contener mi forma de actuar según las otras personas, haciéndome yo pequeña por miedo al rechazo, me permite actuar de manera coherente con lo que siento y crecer como persona.

»Y todas estas pequeñas cosas que me han hecho crecer como persona y estar en el camino de llegar a ser quien quiero ser de verdad hacen que mi vida esté bastante equilibrada ahora y la gente me lo note y me lo diga. Y esto me sube más aún la autoestima. Aunque me da miedo que estos cambios tan evidentes y reales para mí haya gente que no los sepa apreciar, sobre todo mis padres. Pero estoy limpiando, creo, cómo me he sentido durante toda mi vida, necesitando su aprobación para no decepcionarles como hija, sobre todo a mi padre, y que me quisiera menos y me diera menos atención porque antes eso era lo único que me llenaba.

»Ahora me siento más independiente y segura, pero debo reconocer que me da miedo desengancharme por completo porque tengo la sensación de que entonces solo me tendré a mí, tendré que confiar plenamente en mí, en mi criterio, en mi forma de ser, de actuar, de pensar. Y es miedo a lo desconocido. Nunca me he tenido a mí misma, pero tengo ganas de saber qué es. Y noto una fuerza interior que me provoca una sonrisa y parece que me dijera: "Tranquila, no pasará nada malo"».

Patri sonríe, toma aire y luego retoma el hilo de su relato:

—«Hay ciertos momentos en los que mantengo una parte de mí patológica, debo reconocerlo. A veces pienso que, por mucho que me sienta así de bien, hay una pequeña parte de mí que sigue teniendo miedo a estar gorda, a no gustar a los demás, que aún se valora por su físico y no por lo que es. Aunque pienso y me repito que es normal, que es pronto porque el cambio ha sido hace relativamente poco, y que cuanto más lo mantenga, más disminuirá esta parte porque la otra ganará en seguridad y fuerza. Pero es que es muy difícil eliminar toda esta parte porque vivimos en un mundo que todo es cuerpo-comida, todo es físico y apariencia. Que lo primero que se le dice a una niña pequeña cuando va con sus padres es "ay, qué niña más guapa". Por todos lados ves a gente con conductas enfermizas, con dietas... y me pregunto: ¿qué punto de fortaleza y seguridad hay que llegar a tener para que nada te afecte?».

¿Qué punto de fortaleza y seguridad hay que llegar a tener para que nada te afecte?

Quizá ninguno. Quizá debamos aceptar debilidades y miedos como parte del personaje. Ni somos perfectos, ni somos héroes. Hasta Indiana le tiene miedo a las serpientes.

Pero sentir bienestar y confianza se agradece y Neus valora, también ella, lo que ha podido avanzar a lo largo de estos meses...

—«Mirarme, antes, me costaba muchísimo. Me odiaba tanto que no podía, ni me permitía, hacer una introspección. Solo sabía que era un ser horrible, por dentro y por fuera, y eso me dolía tanto que me impedía ver más allá.

»Leo lo que he ido respondiendo en los cuestionarios del curso y me sorprende. Me sorprende que haya podido salir de ese pozo. Pero me alegra muchísimo haber podido avanzar. Me alegra ver que ya no estoy encerrada en esa celda opresiva, oscura y dolorosa que me amargaba a más no poder. Me alegra, pero a la vez me sorprende. Me cuesta creer todo lo que he cambiado, y lo que aún me cuesta más creer es que pueda sentirme orgullosa de ello. Aún anhelo un poco lo que era la enfermedad, el síntoma. Pero ahora algo es distinto porque, aunque eche de menos lo que la enfermedad me hacía hacer, no quiero volver a ser la de antes. Me he dado cuenta de algo que llevan tiempo repitiéndome pero que yo me negaba a aceptar, y es que la belleza no está en los huesos. Me he sentido siempre tan horrenda que esperaba que la anorexia me diera lo que la vida no pudo. Y durante mucho tiempo me lo creí.

»Pero hoy, ahora, lo veo todo más claro.

»Ahora me creo esas palabras que durante tantos años rechacé.

»Creo que el cambio de mi cuerpo está llegando a su fin, y lo mejor de todo es que no me disgusta, la verdad. Temí que llegara ese día. El día en que mi cuerpo iba a dejar de ser el mismo que el de una niña de nueve años. Lo temí tanto que hasta la muerte me parecía algo tentador. Ahora me veo y me doy cuenta de que no era para tanto. La verdad es que no he sido consciente del cambio que ha sufrido mi cuerpo, y me doy cuenta de que la distorsión que tenía no me dejaba ver lo enferma que estaba. Puede que añore el síntoma, pero no añoro mi cuerpo y eso me alivia. Por fin puedo disfrutar la comida en vez de asustarme. Por fin puedo quedarme sentada en el sofá de mi casa sin sentirme mal por no quemar calorías. Por fin puedo desayunar sola sin pensar siquiera en tirar la comida. Ese día me parecía imposible. Salir de esto me parecía imposible. Pero no lo es.

»Del TCA se puede salir.

»Y yo lo estoy haciendo».

Lucía está mejor. Desde su ingreso en Navidad algo ha cambiado, como reconocía días atrás, y, al leer su resumen personal, evidencia esa visión de cambio que espera mantener con el nuevo año.

—«No estoy en el mismo punto que cuando mi vida se reducía a cuerpo y comida, y nada más me importaba, bueno, sí, satisfacer a los demás olvidándome de mí. Ahora ya me tengo más a mí, puedo identificar qué me gusta y qué no me gusta, qué cosas quiero hacer por placer y qué cosas me las puedo ahorrar. Es un proceso muy bonito en el cual quiero seguir adelante para llegar a conocerme en toda mi plenitud. Saber realmente cómo soy yo, cuáles son mis cualidades (aunque muchas ya las sé) y cuáles son mis defectos (y saberlos gestionar). Ya no gestiono las cosas igual, ahora puedo tranquilizarme en una situación de malestar, saber por qué me causa esa emoción y expresarlo.

»Me arrepiento tanto de haberme cargado mi salud por hacer caso a la sociedad y a un estereotipo que es genéticamente casi imposible, casi antinatural.

»Estoy cansada de tantos años odiándome. Vida solo tenemos una, así que tenemos dos opciones: estar amargados con nosotros mismos para lo que nos queda, o empezar a hacer algo para cambiarlo y hacer algo que parece muy fácil, pero es una de las cosas más complicadas: vivir.

»Y quería añadir que el otro día encontré unos diarios de cuando iba a primaria y recordé una frase que solía decirme cuando todo iba mal y no sabía ni para qué estaba allí. Me sorprende la capacidad de supervivencia de una niña de nueve años. Todos en la vida, solo por existir, tenemos equis cantidad de suerte. Esa cantidad de suerte se divide a lo largo de nuestra vida, así que si yo ahora no tengo mucha significa que me queda más para el futuro.

»Nadie me ha hecho más daño que yo a mí misma. O, mejor dicho, mi mente».

¿Uno se hace daño a sí mismo? ¿O existe un legado, químico, familiar, educativo, que predispone a ello? O igual se juntan el hambre con las ganas de comer (suena irónico con los trastornos alimentarios), pero es que, tal vez, aterrizas en un entorno complicado y tú, en parte, ya llevas un código de barras emocional predispuesto a sonar.

Sixtine considera que tiene una historia muy dura, con muchas complicaciones.

—«He encontrado en mí sentimientos de duda y tristeza y me ha chocado un poco porque no me creía una persona triste.

En cuanto a la duda, creo que es porque el descontrol de no saber lo que me pasa interiormente me provoca mucha confusión y preguntas que me molesta no poder entender. Me da miedo. Al mismo tiempo acepto esos sentimientos porque he pasado por muchas cosas, muy movidas; entonces es normal tener sentimientos desconocidos y también porque es parte del tratamiento.

»Pero, a medida que vamos trabajando en el curso y en el proceso de los ejercicios y el libro, siento alivio, alegría, con la sensación de "al fin el monstruo ya no vive en mí" y de que estamos en el descubrimiento de nosotras mismas, de nuestro ser».

Sixtine termina la lectura de su texto. Considerar que al fin el monstruo no vive en ella y que está en un camino de descubrimiento es una luz para sí misma y también para las demás. Compartir ayuda. Y suma.

Clara, en cambio, sigue en medio de la niebla, como ella misma comenta, y reconoce, antes de empezar a leer, que crecer aún le parece algo desconocido y se siente tan vulnerable que le da miedo.

—«No sé qué decir. He contestado y he evitado contestar preguntas que nunca he querido contestar. Creo que en mi vida, al principio, todo estaba bien y luego se torció, y al intentar repararlo dejé entrar la enfermedad como única fuerza, y esta creció en mí. Siento que ahora es mi vida, que esa soy yo, que las personas que lo saben conocen demasiado de mí. Si no tuviese el trastorno alimenticio, ni el dolor ni las heridas que tengo, no sería quien soy; aunque también están las partes de mí que sí que aprecio. En esto veo cómo ha influido mi padre en mí. A él, que aparentemente es una de las personas que más daño me ha hecho, le agradezco infinitamente que haya pasado por mi vida. Hace un par de años hubiese dicho que todo lo que soy se lo debo a él (actualmente no todo porque este año he crecido sin él). Puede que lo que éramos no era ser padre-hija, sino amantes del arte. No sé. Supongo que me han hecho daño y yo no me lo esperaba, y todo lo que va a venir está cubierto de niebla. Así que, para prevenir algo, fui yo la que pasó a hacerse daño a sí misma, como mi gran superpoder para enfrentarme a ese mundo de niebla. Lo que pasa es que acabas teniendo miedo a lo de fuera y a lo de dentro también. El miedo es el efecto secundario de la enfermedad, las cadenas. Te anclas a un punto mientras lloras porque no quieres estar ahí. Aquí está una de las grandes contradicciones: soy Clara y tengo la capacidad de sentir muchas cosas muy intensamente. La naturaleza, el arte, las personas, etcétera, tienen un poder en mí que considero que es lo que más vida me da. Hay cosas tan maravillosas a mi alcance (y al de todos). Y al mismo tiempo muchas veces no quiero vivir. La verdad es que no sé a dónde quiero llegar con esto, pero los cuestionarios han tocado mucho este tema planteándome como una persona más en el mundo. Eso me ha sorprendido. Suelo verme un par de pisos más abajo. Me ha costado mucho responder preguntas de "persona normal": ¿cómo creo que me ven los demás?, ¿cómo me veo en los próximos años?, ¿cuál es mi sueño?… Qué miedo. Yo no puedo contestar estas cosas, es demasiado. Aquí estoy intentando entenderme en cada minuto del hoy, así como buscando el camino entre la niebla y los miedos; no puedo atreverme a pensar en lo que me encontraré más allá. Podría decir que este trabajo deja como constancia que tengo una opinión y alguna que otra cosa que contar. Creo que retrata mi persona como alguien con muchas cosas que agradecer y muchas cosas que rechazar, tal vez se podría decir parte sana y parte enferma».

La dualidad. La bestia y la bella. Las dos caras de una misma moneda.

Carlota también se enfrenta a ello, pero reconoce que los cuestionarios han sido un instrumento de gran ayuda que la han hecho reflexionar.

—« … sobre mis padres, mis creencias, lo poco diferenciada que he estado de ellos y cómo voy estándolo más, sabiendo qué quiero, qué me gusta y qué me apetece, y todo lo que soy ahora por mi pasado. Pero también me han hecho pensar en mi yo actual y en mis ganas de ayudar, en lo que quiero en mi vida y lo que no, en mi relación con mis seres más cercanos... Y me he dejado sentir la tristeza al recordar todo lo que estaba pasando, sola. Quizás es lo que más me duele, no haber confiado en los que realmente querían saber de mí y ayudarme, pero no me culpo, pues estaba mal y creía, de verdad, que a nadie le importaba. Por suerte para mí, ahora lo veo diferente y es algo que agradezco».

Ainara se ofrece a ser la siguiente. Dice haber sido contundente en su texto y no ir tanto a los cuestionarios, propiamente, sino a la esencia que le han provocado y que necesitaba expresar.

—«Ojalá nunca tengas que sentir ese vacío. Me refiero a ese vacío interior, un nudo en la garganta, una presión en el pecho, un sudor frío. Esa culpa de no ser suficiente. Empiezas a escuchar a esa voz que se disfraza de ti, y te susurra que sigas sus consejos e indicaciones. Que con ella serás feliz, que cuando consigas lo que quiera, tus problemas desaparecerán. Te adentras en ese pozo poco a poco, sacrificando tu vida lentamente. Y sin darte cuenta, vas apartando de tu camino a tu familia, tus amigos, tus pasiones, tu salud. Esa voz se vuelve inconscientemente el centro de tu universo, y todo lo que no salga de ella para ti se convierte en una mentira. Llegas a creer que solo ella tiene razón. Que lo hace por tu bien. Y al cabo de los meses, acabas presa. Esa tierna voz que creías que solo quería ayudarte se convierte en tu ama. Vives bajo sus reglas y plegarias, y nunca está satisfecha. El miedo se adueña de ti, y acabas temiéndole hasta a lo más insignificante. Te pide más y más, y tú se lo concedes. Pero lo peor de todo es que sigues pensando que esa vocecita eres tú. Y acabas tirando tu vida por la borda, sin resentimientos ni piedad. Te haces esclava de tu propio sufrimiento. Te limitas a sobrevivir por encima de vivir. Todo por culpa de creer que no eres merecedora de nada».

Aitana reconoce haber hecho algo «raro» en su texto, como una estructura, con respuestas escuetas derivadas de los cuestionarios, pero que le ha servido y que, incluso, se lo ha pasado bien.

—«Yo. Obsesiva. Entro en bucle con mis pensamientos, de manera que se hacen más grandes. Miedosa. Muy miedosa. Tanto que hago compulsiones inútiles para controlar lo incontrolable. Tengo mucho miedo al descontrol.

»Afectiva, cariñosa, empática y dispuesta a ayudar.

»Esperanzada.

»Pesimista. Siempre me aplico la ley de Murphy: "si algo puede salir mal, saldrá mal".

»Anticipadora. Vivo en el futuro. Siempre preocupada por qué pasará, cómo pasará y cuándo pasará.

»Palabra favorita: fragilidad.

»Líder. Me gusta "mandar" (siempre asertivamente), ya que eso supone tener control y evitar el descontrol.

»Insistente. Cuando quiero algo (no material) lucho hasta conseguirlo, a veces siendo muy pesada.

»Cotilla. Siento la necesidad de saberlo todo por el mero hecho de controlar lo que sucede a mi alrededor.

»Miedo a que los demás piensen que soy pesada. Siempre digo "también es muy cansado tenerme a mí dentro de mi cabeza".

»Rígida, autoexigente, perfeccionista y costumbrista. Otro rasgo de mi TOC. Me cuesta horrores cambiar algo de mi rutina o de mi día a día y también me cuesta hacer las cosas mal. Entonces me machaco y me obsesiono.

»Vida.

»Miedo.

»Incertidumbre.

»Sinsentido. Al final morimos y nada sirve para nada.

»Esperanza.

»Cambio. Nunca es tarde para cambiar y hacerlo mejor».

Después de las fiestas, el grupo fluctúa. Hay ausencias en el curso.

Laia hace días que no viene. Tampoco me escribe. Reyes me dice que ha estado fuera.

Otra ausencia es la de Carlota. Le escribo y me contesta dos días después.

Me dijiste que te escribiera, y aquí estoy, pero, para ser sincera, lo hago más porque me ayuda mucho escribir, ¡y estoy encantada de poder compartirlo contigo!

Hoy ha sido un día muy difícil para mí: he suspendido un examen con un 4. Si nos remontamos a segundo de la ESO cuando me hicieron bullying *y todos me llamaban «puta» y «tonta», ese «tonta» me lo llevé a los estudios, convirtiendo los 7-8 en 9-10. La gente, obviamente, me seguía llamando «tonta», pues ni yo ni mis notas teníamos el problema, sino ellos. Aun así, yo seguía estudiando a cierto nivel que, sin tenerme en cuenta, no comía, no dormía, no me miraba, no me cuidaba.*

Al principio, ese suspenso no me lo he dejado sentir. Ha sido: Está bien Carlota. La nota no te define, eres mucho más. Ahora aprendes de los errores y para el próximo examen vas más preparada. *Una vez que he salido del cole para ir al centro, cuando me quedé sola, me han venido todos los sentimientos y pensamientos distorsionados, TODOS de golpe. He llamado a mi madre y le he contado lo del* suspenso. Ella, muy mona, me ha dicho que si necesito algún refuerzo que lo pida, que no pasa nada. Es curioso, porque siempre me ha influenciado la idea de «de ocho para arriba». Una vez terminada la llamada, han empezado a venir pensamientos sintomáticos (atracón, restricción, autolesión o, incluso, suicidio). Pero esos pensamientos, por mucho que me hayan afectado, igual que venían se iban. Suelo pensar que solo soy una nota, la media de todas mis notas. Y si suspendo, ya no sirvo para nada. La gente ya no me querrá, me volverán a rechazar y volveremos al principio de este maldito bucle: miedo a quedarme sola, al rechazo.

Tengo mucho miedo, tanto, que me supera en mi día a día. Pero es que estoy cansada. ¿Qué he de hacer para poder mostrarme? Siento que si me «desnudo» delante de todos, me juzgarán a mí, a la Carlota que se esconde detrás de la otra Carlota que todos conocen, a la Carlota a la que le hicieron mucho daño y no ha vuelto a confiar desde entonces. A la Carlota que ha recurrido a un TCA para esconderse.

¿Cuánto miedo cabe en una persona? ¿Cuánto miedo ha de tener, entonces, Carlota? ¿Cuándo se mostrará? ¿A qué espera? Seguro que todas estas preguntas tienen respuestas, pero aún no soy capaz de encontrarlas. Supongo que sucederá con el tiempo, a base de situaciones difíciles pero que me abran un camino a una vida siendo yo, Carlota.

Me suelo acordar, en las situaciones como las de hoy, de todos mis rasgos de personalidad que me gustan, todo lo que aporto a las personas y lo mucho que me he llegado a querer, deseando así volver a hacerlo algún día no tan lejano.

Me has ayudado mucho desde que nos conocimos y es de agradecer, de verdad. También me ha ayudado mucho escribir esto.

Atentamente,

Carlota Vicente, la Carlota real.

El siguiente día de curso, Carlota tampoco viene. Les pregunto a las chicas. Al parecer ha tenido problemas. Problemas muy serios.

Por la noche le escribo explicándole los ejercicios del curso, por si quiere hacerlos en casa, y también le pregunto, con discreción, cómo está.

A primera hora de la mañana recibo un correo suyo.

Fue todo muy rápido, no sé muy bien cómo sucedió. Tengo una laguna en mis recuerdos que me impide recordar qué pasó. Solo sé que me sentía muy mal: sola, decepcionada y culpable por haber sacado una mala nota. No me lo estaba llevando ni al cuerpo ni a la comida, pero no me permitía no castigarme.

Lo siguiente que recuerdo es, exactamente, una imagen de mí en el baño, con unas tijeras en la mano.

Me había autolesionado.

Sentí mucho miedo y fue esa sensación la que me tiró para atrás e hizo que me fuera a clase corriendo. El profesor me vio la herida y me preguntó cómo me la había hecho, a lo que yo le respondí que no era nada. Seguidamente le pregunté si podía llamar a una amiga, porque estaba mal. Me sacó fuera de clase y me preguntó más seriamente cómo me había hecho el corte en la pierna. Me sentí atrapada y empecé a llorar. Me abrazó, cosa que me ayudó mucho puesto que me hizo sentir un poco menos sola. Me llevó al despacho de la secretaria, la cual me ayudó a calmarme. Una vez con la mente más despejada, vino mi tutora y me reconfortó ver que se preocupaba por mí.

Al llegar a clase, escribí por el grupo. Recibí mucha ayuda por parte de mis compañeras. También lo hablé con mis amigos más cercanos que siempre me ayudan en todo lo posible y, ese caso, no fue la excepción.

Pasadas las horas, ya estaba en casa. No pensé mucho en ello durante el día. Tenía miedo de que pudiera volver a pasar, pues tenía ganas de castigarme por haberme castigado y, viendo cómo fue, tenía miedo de hasta qué punto podía llegar si, en un estado de mente en blanco, inconsciente, surrealista, había llegado a tal barbaridad. Así que despejé la mente a base de estudiar para un examen que tenía al día siguiente.

Al otro día sentí que lo que pasó ya había quedado muy atrás, pues era un día distinto, un nuevo comienzo. Estaba muy desconectada. Fue bien, por eso. No pasó nada y, si estaba mal en algún momento, lo hablaba con mis amigos.

También hablé con mi terapeuta del centro. Y con Ona. Me ayudó bastante.

Al escribirlo todo de nuevo estoy un poco «chof», pero lo acepto, puesto que es algo que me va a ayudar a recolocarme en el verdadero punto en el que estoy emocionalmente (sin racionalizar las cosas). Así puedo trabajar más y hacer que, poco a poco, esta sensación tan desagradable causada por una maldita nota vaya degradando hasta quedarse en «ya lo recuperaré en el siguiente examen. Por ahora, vamos a ver en qué he fallado y en qué puedo mejorar». Y tampoco lo veo como una recaída, sino como un «aún no te habías recuperado del todo. Pero estás en el buen camino».

Gracias por leerme de nuevo.

Carlota.

Le contesto rápidamente dándole las gracias por su sinceridad y la confianza de compartir conmigo algo tan íntimo. Luego me atrevo a opinar diciéndole que no es una «maldita» nota porque esa nota tiene información buena para ella, y le sugiero que no la juzgue, solo que la observe… ¿Qué le dice esa nota, de verdad, en profundidad? Además, esa nota le ha hecho ver que no está sola, ni la rechazan, ni la etiquetan.

Entonces le cuento que estuve en unas jornadas de educación. Nueva educación. Y un profesor, estadounidense, había dicho:

«Con las notas sucede esto: "Oooooh... has tenido un 10 en Matemáticas...". ¿Y...?».

El profesor sonreía después del «¿Y...?» y luego le quitaba todo el «ego» a ese 10. Porque no somos un 10 en Matemáticas, ni un 4 en Sociales, ni un 6 en Lengua.

«Hay que dejar de tenerle miedo al fracaso y de ensalzar el éxito», le escribo a Carlota, y le sugiero que se ponga delante del miedo a ser tonta, fracasada, idiota, lo que quiera... Que se ponga ante ello, lo mire y deje que ese miedo le hable. Luego, que escriba sobre lo que ha sentido y, si quiere, que me lo mande.

Horas después recibo un nuevo correo de Carlota.

Te agradezco de nuevo toda la ayuda que me estás ofreciendo y que indiscutiblemente me está ayudando mucho.

Respondiendo a lo que me dices, curiosamente, ahora que estoy mirando esa nota sin juzgar, no me dice nada. Quizá sí que «para el próximo ponle más codos», pero no mucho más.

Tengo que decirte que mis padres, más que por la nota (que también), se enfadaron por la autolesión. Sobre todo mi padre no fue para nada sensible. Supongo que es su manera de gestionar la preocupación, a través del enfado, pero de esta manera no me ayuda y no me hace sentir cuidada.

Estoy trabajando justo en eso: poder valorar mi persona separándome de las notas. Y sí, te doy la razón cuando dices que esto me ayuda a conocerme, puesto que he estado más reflexiva desde entonces y cada vez más tranquila, pensando en todo lo que pasó y en quiénes estaban allí preocupándose por mí, no por la nota. Me ayuda a ver que mi nota no va a alejar a mis amigos. NI A MÍ.

Estoy haciendo los «deberes». La verdad, me está gustando mucho hacerlo y espero poder ayudar a alguien de esta manera. Curioso: ya me he ayudado a mí...

Te respondo al abrazo con otro y en cuanto lo tenga, te lo mando.

Carlota

Febrero.

La primavera ya se insinúa en el aire, en la luz de los días un poco más largos y en los trinos cada vez más vivos de los pájaros que ofrecen su canto por encima del estruendo urbano.

En el curso entramos ya en nuestra particular primavera para que empiece a brotar, en la medida en que se pueda, el ser que somos en realidad. O, al menos, a despuntar… aunque sea una pequeña brizna. Es un proceso lento, muy lento, y más cuando hay tantas inclemencias de por medio. Pero quién diría que una semilla, bajo la tierra, a oscuras, es capaz de romper la cubierta que la protege y luego, sorteando obstáculos, emerger hacia la luz para seguir creciendo y florecer por completo.

Así están ellas —les digo a las chicas—, como semillas a punto de quebrar su coraza para salir a la superficie. Y uno de los aspectos a tener en cuenta es ese impulso de evolución, de crecimiento, de necesidad innata. ¿Cuál es la suya?

Apenas consideramos nuestras necesidades de verdad. Las pasamos por alto porque lo hacemos con nosotras mismas. Las mujeres más, por lo general. Y «nuestra» necesidad tiene información. Para conocerla hay que aquietar los fandangos de la azotea y entrar en el silencio, como la semilla bajo la tierra.

Así que meditamos. Respiraciones largas y tranquilas, conscientes, con mucha calma, y, a medida que vamos soltando el aire, dejamos que también salga la pregunta sobre cuál es esa necesidad, la mía, íntima, personal… Y que la respuesta llegue con el mismo aire. No hay prisa. A la semilla no la apremia nadie para que crezca. Y cuando la información comienza a brotar, la página en blanco espera para recoger las respuestas.

Sixtine es quien inicia la ronda de lectura. Confiesa, claramente, su necesidad de liberarse.

—«Liberarme de esta mierda que nos esclavizó, que me puso loca, que me hace creer tonterías cada día, que quiere que vuelva con ella, pero en realidad ella es solo una relación tóxica, y acabo de entenderlo, hoy en el curso de escritura. Pero la necesidad al principio del trastorno es sentirme querida, que no me dejen».

Patri coincide con Sixtine al exponer su texto:

—«Cuando Anna nos pide decir cuál es la necesidad que tenemos, detrás del TCA, del fondo de todo, me viene la libertad. Tiene sentido, ahora sí —añade—. La punta de mi iceberg es la libertad, mi libertad. La libertad que siento que nunca he tenido, la libertad de salir de una relación y una comunicación familiar inadecuada, de salir de un círculo de miedos y limitaciones que en un pasado me han privado de muchas cosas. Una libertad que me hará conseguir lo que quiero: mi autonomía e independencia. Conocerme y ser yo. Separarme de mi padre, de los miedos que me inundaban, para poder ser yo. Y así poder respirar, respirar aire fresco y saludable. Empezar de cero estando yo más que nunca y poder decidir, poder sentir, poder respetar y respetarme, poder empezar de nuevo mi funcionamiento.

»La libertad que tanto tiempo he sentido que no he tenido por sentirme vacía, sobreprotegida y con miedos (a no ser querida, a estar sola…). Libertad por poder mostrarme tal y como soy.

»Por ser YO.

»Desde la terapia familiar que tuve con mis padres, me siento más libre y plena que nunca. Era el pilar que faltaba derribar y ya lo he hecho. Últimamente me sentía muy fuerte con la pareja, los amigos, con los estudios… menos cuando llegaba a casa. Cuando la Patri pequeña aparecía automática e inconscientemente, y ahora veo tan claro que era porque tenía que salir el porqué: el porqué de mi intolerancia, la forma inadecuada de funcionar, la dependencia emocional con mi padre, etcétera. Y ya ha salido. Ya está. Y me siento liberada».

Conectar con uno mismo es una cita personal que tiene lugar en un espacio interior, muy íntimo, que a fuerza de respirar y profundizar se va desvelando. Pero ese lugar no tiene nombre o, en caso de tenerlo, podría ser algo así como *yugen*.

—¿Cómo? —preguntan las chicas.

Les cuento que, en mi primera novela, me referí a esa palabra japonesa que describe aquello que es «demasiado profundo para verlo». Precursora de otra palabra china, combinaba en su ideograma el carácter tenue con el carácter misterioso.

Tenue y misterioso es ese lugar demasiado profundo para ser visto al que podemos ir bajando, como a una mina, para buscar las piedras que bloquean la entrada del aire y te asfixian. Por eso la respiración, tan obvia, es de vital (y nunca mejor dicho) importancia. Respirar es vida. Y en cada inspiración vamos a ese lugar, profundo y misterioso, donde anida la calma.

Cuando el presentador estadounidense Stephen Colbert le preguntó a Keanu Reeves cómo lidiar con la ansiedad, el actor contestó: «Respirando».

Clara dice haber escrito solo una palabra para expresar su necesidad.

—«Vida».

Parece como si la palabra, al ser pronunciada por Clara, acabara de caer, silenciosa, como una semilla. Vida. Profundo, misterioso, tenue…

Para Ainara, que reconoce aún no haber descubierto plenamente su necesidad, la aceptación —en su caso, de los demás— es muy importante.

—«Su admiración. Ser perfecta para que no puedan sacarme defectos y reírse de ellos. Necesito el amor de mis padres y que no me abandonen por encima de mi hermana. Ser aceptada, aunque eso conlleve cambiarme a mí misma».

O sea, la aceptación ajena por encima de la propia.

Lucía considera que es una cuestión complicada.

—«Vaya pregunta… La verdad es que he empezado a escribir una lista de cosas que quiero, como la carta que escribías a los siete años a los Reyes Magos, pero, al acabar, me he dado cuenta de que todas esas cosas solo me llevaban a una: la felicidad. Es lo que necesito».

Felicidad. Libertad. O amor a una misma.

—«Yo tengo la necesidad de quererme —afirma Neus en su texto—. He pasado toda mi vida esperando conseguir el amor y la aprobación de amigos, familiares e incluso de simples conocidos. Y nunca he tenido bastante. Siempre me he sentido menospreciada, innecesaria, insuficiente. Nadie me valoraba y llegué a creer que no valía nada. Aún lo creo. Pero ahora sé que no es el mundo el que dicta mi valor. Soy yo. Y si yo no me aprecio, no puedo esperar que los otros lo hagan. He pasado demasiado tiempo odiándome, luchando contra mí misma. Durante demasiado tiempo ha habido una voz en mí torturándome, rechazándome. Esa voz antes era un trueno que colapsaba mi mente las veinticuatro horas del día. He necesitado cinco meses para aflojar ese estruendo y convertirlo en brisa, pero aún necesito tiempo para acallarlo definitivamente. Es dura la vida cuando te odias tanto. Es como sufrir *bullying* todo el santo día, porque eres tú contra ti misma y nadie lo ve, nadie lo sabe, ni siquiera tú te das cuenta. Para ti es algo normal, es algo que mereces por haber nacido fea, tonta e inútil. Lo que pasa es que si nadie lo ve, nadie lo sabe, nadie te puede salvar. Porque eres tú contra ti. Acosador y víctima a la vez. Ahora me doy cuenta de lo jodida que estaba y de lo mucho que me he maltratado. Ahora me doy cuenta de que la anorexia me ha salvado de este acoso que yo misma empecé. Ahora entiendo que mi verdadera necesidad es quererme».

Lo mismo que para Ona.

—«Aceptarme, valorarme tal como soy, sin tener que luchar para encajar, es mi necesidad para sentirme empoderada, libre y valiente. Para ser feliz. Yo. En estado puro».

Aitana es una de las últimas en abrirse a compartir lo que ha escrito. Hoy no está en su mejor día. El dragon khan emocional es imprevisible. Por momentos parece que ya estás saliendo, que lo ves, que te tienes, que todo cobra sentido y una íntima alegría se manifiesta.

Pero, de golpe y porrazo, llegan el golpe y el porrazo. Algo, no sabes bien qué (o sí lo sabes, o lo descubres más adelante), se presenta para zarandearte y devolverte a lo que crees es la casilla de salida otra vez. Que no lo es. Pero en el agotador juego de la oca existencial, caerte de nuevo o simplemente tropezar parece que fuera volver a empezar. Y es que estás tan cansado, tan harto del pozo y de los bandazos, que te rebelas cuando el rayito se nubla —tú que ya creías que ibas a tomar el sol para siempre— y te ves de nuevo a oscuras.

Aitana no está para muchas cosas. Se limita a leer su texto en el que se desvela su necesidad en base a una sensación.

—«La sensación de querer hacer algo grande, algo que me haga ver que todo el dolor ha servido para algo, para ayudar, para transmitir, para yo qué sé qué. Hay una Aitana que quiere perseguir ese impulso, ese deseo de llegar a más personas, y luego hay otra Aitana que me dice "cállate, mindundi". Bueno, ahí está la lucha».

En su libro de memorias, Jane Fonda confiesa que el amor a sí misma le permitió aceptarse y «creerme capaz de rebasar el lugar donde había estado como mujer sin cuerpo».

Cuando llego a casa por la noche tengo un correo de Patri.

Me escribe diciéndome que ha estado pensando en el curso y también sobre la esencia del libro que podemos hacer con todos los ejercicios.

Y me ha venido que el TCA se come a la persona, pero el mundo se come al TCA. Me refiero a que si queremos llevarlo nosotras solas, perdemos contra la enfermedad, pero si nos unimos y utilizamos la ayuda de los demás, solo podemos ganar.

Me detengo ante esta la última frase, conmovida, y me conmueve aún más lo que leo al final...

Creo que el poder del ser no se destruye con una enfermedad mental.

Releo varias veces las palabras de Patri. El poder del ser. Y una enfermedad mental. ¿Quién puede ganar?

Recibo un correo de Aitana. En el «asunto» pone: «Flipando me hallo».

¡Hola, Anna! ¿Cómo estás? Quería comentarte una cosa que me ha hecho tener mucha ilusión y esperanza por nuestro proyecto. Ya sabes que estaba más bien triste, pero después del curso y de lo que he escrito de «querer hacer algo grande», cuando he llegado a casa me he puesto a escribir más... Y me he sorprendido porque hace cinco meses estaba sumida en la más profunda enfermedad y ahora puedo escribir lo que me pasa y... Total, que he pensado: Oye, las bloggers e influencers estas del Instagram podrían tener también el poder de hablar sobre cosas serias y con fondo, no solamente de ropa y viajes. *Así que ahí voy yo, con todo mi morro, y le envío a una* blogger *de casi 300.000 seguidores uno de los textos del curso con un mensaje que decía así: «Hola, Laura, no sé, llámame "tonta", pero llevo cinco meses*

en un hospital de día para recuperarme de la anorexia y he escrito este texto. Hasta yo misma me estoy sorprendiendo de ser yo quien está odiando la anorexia y todo lo que comporta. Que asco. Qué arrepentida estoy de haber vivido siete años con esta mierda. Siento la necesidad de prevenir a muchas chicas de entrar en el infierno en el que yo he vivido, por eso he pensado que quizá tú podrías enseñarlo para concienciar y prevenir. No sé, llámame "tonta", pero haberlo vivido me ha hecho odiarlo, y odiarlo me hace querer evitar que otras chicas lo vivan».

Total, que la chica la verdad que es superamable y comprensiva, va y CUELGA MI TEXTO EN SU HISTORIA DE INSTAGRAM dándome créditos (de ahí el asunto del correo: flipando me hallo). En consecuencia me han empezado a seguir y a enviar mensajes un montonazo de chicas dándome las gracias y contándome su historia y sus sentimientos. Qué bonito ha sido poder compartir mi historia y empoderar a más chicas que se encuentran como yo a seguir luchando. He hablado con todas ellas (por lo menos unas treinta) como si nos conociéramos de toda la vida, porque, al fin y al cabo, nuestra mente funciona de una manera tan similar que es como si pudiéramos oler nuestros pensamientos.

Todo esto te lo cuento porque ha sido gracias a ti. Gracias a tu ilusión, tu espíritu de superación y la esperanza que transmites.

¡Estoy lista para seguir luchando!

Un fuerte abrazo y te paso el texto que he escrito.

Abro el documento. Y leo:

Carta a alguien como yo: Hola, te cuento todo esto porque NO VALE LA PENA malgastar tu tiempo y tu felicidad en esta gran mierda. Si yo no lo hubiera vivido no me molestaría en escribirte esto, pero el sufrimiento vivido me hace querer intentar que escojas un camino más sano para tu vida. Sí, al principio piensas que cuando estés delgada serás más feliz, pero nadie te dice que mientras la delgadez llega, la felicidad se va. Aunque no lo creas, dejar de comer solo significa añadir un sufrimiento más a tu vida. Porque tú crees que solo quieres estar delgada, pero créeme, va mucho más allá. En realidad quieres sentir que controlas algo en tu vida. En realidad te quieres sentir vista y cuidada, quieres asegurarte de que los demás te quieran. En realidad quieres dejar de sentirte sola. En realidad tapas todos tus problemas y sentimientos a través de la comida y el cuerpo. En realidad todo lo que te rodea es tan horroroso que prefieres contar calorías a enfrentarte a tus problemas. En realidad ES UNA MIERDA. Porque quizás ahora pienses que tú controlas, que solo has dejado de comer pan y de ponerte aceite en los macarrones, pero al cabo de unos meses te ves teniéndole miedo a un guisante. La comida pasa a convertirse en veneno y tu cuerpo en una jaula. Estás en los huesos y en el espejo ves todo lo contrario. El corazón te va más lento, pero tú sigues pasándote tres horas en el gimnasio. No tienes la regla y te sientes orgullosa de ello, ya que eso significa que lo estás haciendo bien. Necesitas la talla 11-12 ya que tu cuerpo es el de una niña, pese a que tienes veinte años. Decirme que solo quieres adelgazar es como decirme que solo quieres ir al infierno. Ojalá alguien me hubiera dicho esto antes. Ojalá alguien me hubiera contestado «y una mierda» cuando yo decía «tranqui, yo controlo». Porque en realidad, lo único que controlas es el suicidio progresivo en el que te estás metiendo. Tu cuerpo pasa a ser el centro de tu vida. Te da igual no ir a cenar con tus amigas. Te da igual mentir a tus padres, que ellos crean que en Nochevieja te vas *de fiesta con tus amigos cuando en realidad estás dándote vueltas por la calle esperando a empezar el año con algún kilo menos. Te da igual tirar esos tuppers que tu madre te ha preparado levantándose una hora antes por la mañana. Te da igual tirar comida cuando hay gente que se muere de hambre. Te conviertes en una egoísta egocéntrica, pero lo peor de todo es que tú no quieres serlo, que hay una voz dentro de ti que se ha apoderado de tu mente como un mosquito que te pica. La diferencia es que la picada de mosquito se va al cabo de una semana, pero la voz se queda y se hace más fuerte. Se apodera de ti, te amenaza, te hace sentir culpable, y, de repente, eres su esclava. Crees que quieres adelgazar equis kilos, pero nunca es suficiente. Siempre vas a querer más. Nunca va a ser suficiente.*

Atentamente, Tu ángel de la guarda si me haces caso.

P.D. Respóndeme a esta pregunta: ¿Cómo describirías a tu madre? Piénsalo. ¿Qué adjetivos has usado? Cariñosa, atenta, despistada, irritable... Seguro que van por ahí. Seguro que ni se te ha ocurrido decirme «tiene las piernas gordas y dos michelines en la barriga». Céntrate en lo de dentro, que lo de fuera es efímero.

Desde que empezamos el curso, hace ya unos meses, entre los encuentros semanales, los ejercicios, las confidencias profundas y sinceras y los correos, la conexión con la mayoría de las chicas es cada vez más estrecha. Sus textos no dejan de sorprenderme, de conmoverme.

Y de ayudarme.

Marzo ya huele totalmente a primavera. El sol calienta un poco más y las chicas lo agradecen. Tanto, que salimos al patio que conecta con la sala donde hacemos el curso.

Es un patio amplio, típico del Eixample, rodeado de edificios que se muestran desde su lado poco agraciado, el que no se ve desde las calles, el que no luce tanto. El lado que no sale en las redes sociales. La sombra, que diría Jung.

En el ambiente flota una noticia extraña: al parecer en China se ha desatado un virus que está infectando a mucha gente. Pero está en China, dicen…

Cuando entramos, disponemos las mesas como un gran cuadrado para estar todas juntas alrededor de ellas y vernos mientras hacemos los ejercicios. Hoy les he pedido a las chicas que trajeran sus portátiles o iPads para ir ordenando los textos que ya tenemos, leer alguno y buscar los que aún están en el tintero.

No todas los tienen todos. En realidad, faltan bastantes para empezar a orquestar el puzle del posible libro que intentaremos hacer con los textos y vivencias del curso.

Para organizarnos mejor, vamos a elaborar una escaleta a fin de tener una visión más clara de los puntos que hemos ido trabajando y saber lo que ya tenemos y lo que necesitamos.

Unimos dos cartulinas grandes de color blanco. En una vamos a ir anotando todo cuanto corresponde a la primera parte del curso. Y en la segunda, lo que ya hemos hecho y todo lo que nos queda por hacer, que dejamos en blanco para no desvelar el entramado de los siguientes pasos. Aitana se presta a anotarlo todo, aplicadamente como es propio en ella.

Antes de abrir los teclados, les leo un poema de Rafael Alberti, «El lirismo del alfabeto», del libro *Fustigada luz*.

—¿Acaso las palabras del poeta no invitan a una suculenta merienda creativa?

Las chicas me miran. El concepto «merienda» para ellas no es muy acertado, provoca rechazo. Pero no deja de ser «apetecible» pensar en escribir algo, lo que quieran, libremente, en esta tarde de marzo, cuando están a punto de dar las cinco. Todo cuanto vaya saliendo, ahora mismo.

En la caligrafía exaltada, resuena cada cosa, dice Alberti en su poema.

Pues que resuene... Que cada una exprese lo que siente, lo que necesita expresar, lo que el ser quiere, y no la mente.

Portátiles, iPads, alguna prefiere escribir a mano... Y la tarde va pasando entre palabras y espacios en blanco.

Las observo: son como modistas, ahí, enfrascadas en la confección de esas prendas narrativas que vestirán a otros mientras ellas se desnudan a sí mismas.

Cuando van terminando, les digo que pueden compartir sus textos, si quieren, como siempre. Claudia se ofrece a empezar:

—Me ha salido una carta —dice—. Una carta a mí misma. «Hola, Claudia. Te escribo desde tu yo verdadero, aquel que llevas años buscando desesperadamente y el cual llegaste a creer que no estaba mientras te comías paquetes de magdalenas, galletas, pasta, chocolate, patatas, bollos... los cuales sumaban kilos, kilos y más kilos a tu cuerpo; eso sí, jamás pudieron equiparar a la balanza del malestar, si sumamos culpa, tristeza y ansiedad (dejándome otros muchos sentimientos negativos por el camino) que llegaban fácil a la tonelada.

»Cuando te paraste a pensar qué quedaría del TCA en tu vida si desaparecieran los atracones y no conseguiste agarrarte a nada en comparación con tu pasado, todos tus esquemas se rompieron.

»Cuando eras pequeña tu madre te cortó el chupete haciéndote creer que había sido un perro que lo había mordido y, desde ese momento, para ti perdió su utilidad.

»Te has dado cuenta de que el TCA lleva siendo tu chupete roto durante años.

»Tenías derecho a sentirte culpable, a no levantar cabeza desde el día que hiciste consciente esa puta recaída, tenías derecho a estar enfadada, abatida, con rabia, a no entender absolutamente nada, a querer mandar a la mierda a todo el puto mundo, a castigarte, a no verte bien, a no disfrutar, a no ser tú, a no estar, a no sentir, a no querer, a romper con todo, a volver a romper, a tocar el fondo más fondo que jamás habías tocado nunca, a estar más cagada que nunca, a comerte kilos de comida, a no querer salir, a no querer quitarte la venda. Tenías derecho, lo tenías, tenías derecho a apagarte. Pero ¿cuánto más?

»Cuando algo malo ocurre, hay quien actúa como alma en pena sin rumbo clamando piedad al mundo y hay quien actúa cual ave fénix alzando el vuelo dispuesto a reconstruir su gran imperio. En tus manos está permitir que algo te destruya o te fortalezca. En tus manos está vivir achacando cualquier movimiento de este mundo mundial a tu triste historia de vida y terminar llegando a la conclusión de que todo lo que te pasa, incluyendo que te cague una paloma por la calle, es porque desde los once años tuviste un TCA, estuviste ingresada en mil centros, viste a gente morir, viviste todo tipo de situaciones y eres la más desgraciada del mundo mundial y por eso podrías ir por la vida repartiendo minibiografías de tu lamentable vida para que la gente te abrace y llore contigo, o, por el contrario, agarrarte al mundo y decir AQUÍ ESTOY YO, con mi pasado y bien puesta, dispuesta a enseñar lo que realmente soy y en lo que todo mi pasado me ha convertido.

»En tus manos está venirte a Barcelona sola, sin tus amigos, sin casa, sin trabajo, sin saber qué va a ser de tu vida, y pasártela llorando mirando cómo todas tus compañeras se van a casa con papá y mamá, pensando lo sola que estás y las veces que te han abandonado en la vida, o, por el contrario, agarrarte fuerte al mundo y decir AQUÍ ESTOY YO, para vivir MI VIDA, sin papá y mamá, sí, pero si aprendo a vivir sola, aunque tenga su parte difícil, ¿qué más me va a hacer falta en la vida? Voy a ser la tía más poderosa del mundo si logro conseguirlo.

»Y es esto, Claudia, alma en pena o ave fénix.

»Ambas opciones están siempre activas, siempre van a poder ser escogidas y van a tener una utilidad y evidentemente una consecuencia. Se trata de descubrirlas.

»Deja de buscarte, Claudia, porque estás ahí, ya lo creo que estás, es normal que te pusieras la etiqueta y no consiguieras encontrar una solución tan tonta y fácil como la que te estoy planteando ahora mismo, un chupete, ya ves tú, darte cuenta ahora de que el TCA lleva años siendo una tapadera.

»Nunca es tarde para perdonarte, para vivir la vida que realmente te pertenece, ubicada en tiempo y lugar presente, no pasado. Te haces la compra, te cocinas, comes, eres capaz de cuidarte, de escucharte, de hacer vida social con y sin comida, te gusta la actividad y te escuchas siendo capaz de regularla, te quieres, existes por y para ti.

»Cuando te descubres te das cuenta de que nadie te ha enseñado, de que no hay instrucciones, de que se trata de ti, y eso te hace invencible, y creo que aquí está la clave ya que lo que consigues tú, lo que aprendes tú, nada ni nadie te lo va a poder quitar nunca.

»Cuidar de ti para poder cuidar de los demás, ser feliz para poder hacer felices a los demás, ayudarme para poder ayudar a los demás.

»Detrás de una mujer poderosa, se encuentra ella misma».

Claudia levanta la mirada del ordenador para descubrir las de todas, atentas y admiradas. Luego, vuelve a bajarla y añade:

—«Posdatilla: Sin miedo, o con miedo, pero abrazándolo, haciéndolo mío, vivo por mí misma y por todas las que aún no se atreven, confío en que al verme así entiendan que hay poder dentro de cada una de ellas. Es entonces cuando lucharán y brillarán como se merecen. Sonrío, me miro, recuerdo cada herida como si fuera hace tres segundos, pero no dejo de sonreír, soy libre, no olvido, pero soy libre, me perdono, no olvido, pero me perdono, como si fuera ayer, duele, como si hubiera sido ayer, hoy, hace dos segundos, pero me perdono, soy yo, estoy, sonrío, no olvido, pero sonrío, lo llevo dentro, pero sonrío, me duele y me dolió, mucho, muchísimo más de lo que cualquier mente humana y corazón puedan llegar a imaginar o sentir, pero me perdono, sonrío y me quiero porque estoy aquí, conmigo, yo, dispuesta a vivir por y para mí, conmigo misma. Algunos lo llaman *soledad,* yo lo llamo *libertad.* Y por supuesto, complementada de todas las personas que quiero y me quieren, pero es eso, complementada, porque yo misma soy suficiente».

Silencio. Luego, emociones y comentarios cruzados de todo cuanto el texto ha despertado en cada una, incluyéndome a mí que, cada día que pasa, me sorprenden más y más estas mujeres extraordinarias.

La tarde se nos pasa y las chicas prometen mandarme sus textos. Algunas olvidarán hacerlo. Pero están escribiendo. Escuchando lo que sus compañeras escriben. Compartiendo. Creando. Y eso ayuda. No es la salvación, ni la sanación, pero el camino de mil leguas, de Lao-Tse, empezaba por un primer paso.

A principios de semana, el virus oriental comienza a acercarse a Europa. Parece que tendremos una primavera revuelta. Las chicas también están revueltas.

A primera hora de la mañana recibo un correo de Neus que me ha mandado de madrugada.

Es la 1:16 de la noche y mi cabeza no me deja dormir. Para variar, tengo pensamientos que pasan atropelladamente por mi mente: arriba y abajo sin parar. Hoy, técnicamente ayer, ha sido un día... raro. No solo hoy, toda la semana ha sido rara. Ha habido un cambio en mí, un cambio bastante radical. No estoy acostumbrada a esta nueva «yo», ni siquiera estoy segura de que me guste del todo; demasiado activa, demasiado extrovertida, demasiado charlatana. No me reconozco. Esta nueva persona, o persona en evolución, no es la misma que la que respondió las preguntas del cuestionario. Ahora es más positiva, tiene más esperanza. Ahora contempla la posibilidad de que la vida no sea una mierda, que la vida, tal vez, valga la pena. Y doy gracias a Dios por la familia que me ha dado. Les debo todo porque, sin ellos, no estaría aquí en el sofá de mi casa escribiéndote esto. No. Seguramente estaría ingresada en un hospital donde me alimentarían por vena o, directamente, muerta. Así que todo lo que pudiera disgustarme de ellos queda tapado por el amor que me han dado (siento sonar como Mr. Wonderful).

Las 4:52 y no he conseguido pegar ojo, pero no hay mal que por bien no venga, al menos estoy inspirada para escribir...

Ya llegan las 6:10 y mi esperanza para dormir es ya nula. Mi cabeza sigue yendo a mil por hora y mi única vía de escape es la escritura. Escribo lo que el corazón me pide. Y es que en estas lentas y apaciguadas horas de la madrugada ha pasado algo realmente trascendente e insólito en mí que necesito compartir con alguien para dejar constancia de ello: esta noche, he sentido un muy, muy, muy, muy pequeño, casi inexistente, pero aun así real, ápice de miedo por estar demasiado delgada.

Un fugaz y brillante pensamiento ha cruzado mi turbulenta mente: «Necesitas subir de peso». Ha durado apenas un segundo, pero lo he visto, lo he creído de corazón. Ahora solo lo escribo porque esta enfermedad no me ha dejado disfrutar de ese sano pensamiento y el miedo ha vuelto a hacerse conmigo. El miedo me ha robado la lucidez, pero no el recuerdo de lo vivido.

Y llegamos a las 6:40. Ya no me queda mucha más cosa que decir.

Solamente pedirte que me desees suerte y me mandes mucha energía para poder aguantar el día de hoy. Y gracias por tomarte tu tiempo para leer esto. Es de lo más sincero que he escrito nunca.

Carencia. Se evidencia en el texto de Neus. Es como un gran agujero oscuro, como un cráter de profundidad insondable. Un agujero en medio de tu propia capa de ozono. Una falta, un hueco que nos afecta en mayor o menor medida a todos. Por ahí nos debilitamos.

Por esa necesidad de algo. Por esa falta nos ausentamos de nosotros mismos. Y nos buscamos...

Al mediodía recibo un correo de Aitana en el que me dice que a primera hora ha escrito algo que quiere compartir conmigo. También ella ha tenido problemas de insomnio.

Son las 8 de la mañana. Llevo desde las 6:37 intentando decirle a mi cerebro que se calle, que aún no es hora de encenderse, pero no hay manera de que lo pille. He dormido cuatro horas y media. Cierro los ojos una vez más y mi mente se enciende de nuevo. Mis párpados cubren mis ojos, pero ellos siguen activos, como viendo a través. El primer mensaje procedente de mi cerebro que me ha llegado al despertarme ha sido «¿puedo ya?». Como si se tratara de un niño el día de Reyes, mi mente estaba deseando que llegara la hora de despertarse para ponerse en marcha otra vez. Claro está que a las 6:37 de la mañana le he dicho que no podía, que había que dormirse otra vez. Ella ha decidido responderme insinuándome un «lo llevas claro» y abriendo paso al mundo de los «¿y si…?». La retahíla ha empezado: «¿Y si a partir de ahora empiezas a tener insomnio?, ¿y si a partir de ahora eres incapaz de despertarte más tarde de las 6?, ¿y si ya no vuelves a descansar cuando duermes?», hasta que ha llegado el más grande de los «¿y si…?»: «¿Y si esta rutina de sueño se vuelve tan horrorosa que dejas de tener ganas de vivir?». Toma regalito de buenos días. Estupendo, ya tenemos tema del día. Justo hoy, que cumplo ocho meses de tratamiento. ME DA MUCHO MIEDO ALGÚN DÍA TENER PENSAMIENTOS SUICIDAS, ME DA MUCHO MIEDO ALGÚN DÍA QUERERME MORIR. QUIERO VIVIR Y DISFRUTAR PERO MI MENTE ES MUY MUY MUY PESADA.

Tantas veces pienso que el miedo es la gran alimaña. Sin él viviríamos a pleno pulmón. Con él se enzarzan otros bichos siniestros como el drama, la ansiedad, la tristeza, y se suman a la fiesta la depresión, las fobias, y otras lindezas que te amargan la existencia y te llevan tan al límite que incluso temes por tu vida cuando lo que más deseas es vivirla. Y lo intentas todo. Aceptar y no aceptar. Luchar y no luchar. Buscar y soltar. Es agotador, interminable, largo, casi eterno. Un mal bicho mental puede acabar contigo.

Un mal bicho vírico, también. Las últimas noticias sobre el virus asiático son más bien terroríficas. Se habla de pandemia, de confinamiento, de población mundial amenazada.

Camino hacia el centro. Es jueves. El segundo de marzo. Hace meses Reyes me llamó para preguntarme cuándo podía empezar. Hoy todo parece indicar que vamos a terminar.

Por prevención hacemos el curso en el patio. Hay un ambiente raro y propongo empezar con una meditación.

—Vamos a dejar que el sol nos bañe, a respirar su luz, su energía, y a sentir, en cada inspiración, cómo su calidez nos envuelve y nos protege.

Algunas de las chicas tienen ansiedad. Intento que todas se concentren en el ejercicio de respirar, solo respirar. Sé que tienen ganas de huir, de salir corriendo hacia ninguna parte o de internarse en sí mismas, ovilladas en algún rincón donde nada las amenace. Pero no está la tarde para grandes nadas, ni para pequeñas.

Cuando terminamos de meditar, apunto que tal y como está el panorama, puede ser que tengamos que suspender el curso. Que esta sea la última clase hasta no se sabe cuándo...

La incertidumbre. El descontrol. El desorden. Un buen campo de cultivo para un sinfín de TOC. La amenaza está en el aire y, al parecer, por todo el planeta.

Para que la mente trabaje en algo concreto y se distraiga un poco, propongo un ejercicio: escribir sobre el curso.

Como no sabemos si podremos seguir, de momento, sería interesante hacer un balance. Un balance sincero, les digo, y crítico. Que escriban todo lo que sientan sobre el tema.

El curso de escritura me ha hecho comprender que la escritura sí que sirve y alivia mucho (es como hablar cuando no puedes o no tienes el coraje). Agradezco por haber conocido la meditación, le tenía miedo y pensaba que era inútil, ¡pero me he equivocado! ¡La meditación sí que sirve! Me ha hecho creer en mí, en ver las cosas más positivas, pero sobre todo a relajarme y a soltar todo lo que tengo.

Agradezco igualmente la paciencia de este curso (el amor entre todas), siempre escuchar cuando alguien lo necesita y siempre hay honestidad y soporte.

El taller de escritura me ha hecho ver cómo estaba metida en la enfermedad, pero también que debo tener paciencia e ir paso a paso.

Sixtine

Este curso es magia. Desde la primera sesión hasta hoy me llenó y me llena. Me ha enseñado a poder ver una nueva perspectiva de las cosas, un punto de vista más positivo. Que pueda actuar por cómo soy y no por lo que un pasado me ha hecho. Hace que me conozca más y acepte mis defectos pudiéndolos manejar mejor como la poca paciencia, gran carácter, tozudez y rigidez, etcétera. Y que brillen más mis cualidades, como empatía, alegría, claridad y sinceridad, sensibilidad, detallismo... Consigue motivarme en mi día a día, a crecer como persona. Y el libro que podamos hacer servirá para ayudar a otras personas, pero sobre todo para mí, para un mayor conocimiento sobre mí, para empoderarme.

Porque las respiraciones que hacemos me tranquilizan, alegran y empoderan. Me recuerdan lo que siento en cada taller: mis ganas de crecer. Esas ganas de querer llegar a ser yo en mi plenitud. Llegar a tenerme SIEMPRE a mí.

Del primer día hasta ahora he cambiado, me siento diferente, me quiero más, me tolero más. Y cada día crezco más.

Además, está la posibilidad de escribir este libro para concienciar a la gente de la influencia que proyecta nuestra sociedad sobre nosotros. Esa influencia dañina que, aunque intenta hacernos «mejores personas», nos lleva a la destrucción humana. Que nos da a entender que es más importante ese cuerpo 10 de Barbie que no conectar con nuestras emociones y poderlas expresar, que es más importante agradar a la otra persona por nuestra apariencia y falsedad para satisfacerla en vez de con nuestras aptitudes y autenticidad. Porque hay mucho más allá que la delgadez, el no querer comer, el matarnos a hacer ejercicio. Hay mucho dolor, dolor que hemos querido esconder porque la sociedad nos lo ha privado, porque es mejor ser un número que querernos tal y como somos. Existe todo un mundo detrás de todas las cosas superficiales, un porqué, un miedo, una herida. Estamos en una sociedad donde la falsedad prevalece por encima de cualquier interés: donde en las redes sociales solo hay sonrisas que tapan dolor, donde la moda marca a todo el mundo sin respetar los gustos de cada uno, donde las dietas te limitan la vida.

Este libro, gracias al curso, es nuestra reivindicación como chicas que hemos padecido, como chicas que no queremos que nadie más lo padezca (y que si lo padecen que sepan que no están sol@s). Porque se ha de poner un punto y final a todos los estereotipos que nos aferran a una vida de plástico, para convertirlo en un punto y coma para nosotras.
Patri

Escribir me ha sacado, en muchas ocasiones, de la mierda. No es que mis problemas hayan desaparecido ni nada por el estilo, pero escribir me ha permitido liberarme en mis momentos más bajos, que desgraciadamente no han sido pocos. Cuando sentía que estaba a punto de tocar fondo, la inspiración venía y las palabras brotaban de mi interior, canalizando lo que en aquel momento mi corazón parecía no poder soportar. Poner nombre al horror que vivía me ayudaba a hacer de aquel horror algo más soportable. La escritura no resuelve los problemas, estos siguen allí, pero te acompaña cuando crees estar solo, perdido. Escribir puede ayudarte a hundirte un poco menos, a ver el negro un poco más gris. Escribir ha estado en mi proceso de sanación de aquellas heridas tan dolorosas que parecían no poder cicatrizar nunca.

Y creo que cualquier persona que tenga esta enfermedad va a necesitar más que un libro para salir, pero, tal vez, les ayude a no sentirse solas, a ver que hay gente que pasa por lo mismo y sigue adelante. Pero aunque piense que de poca ayuda va a servir a los demás, la idea de escribir un libro, a través del curso, me ha despertado las ganas de querer hacerlo, y quiero hacerlo por mí. Porque disfruto escribiendo, creando, imaginando… Y aunque la enfermedad me haya quitado las ganas de reír, de sentirme bien y casi de vivir, quiero hacerlo porque hay una parte mía pequeña y un tanto egoísta que cree que tal vez este libro pueda ayudarme a mí.

Neus

Gracias por hacerme sentir cosas que nunca pensé que sentiría.

Por liberarme a través de la escritura.
Por recordarme lo mucho que la necesito.
Por hacerme ver cosas de mí misma que no conocía.
Por darme esperanza.
Por darme apoyo.
Por aparecer en el momento en que más lo necesitaba.
Por darme un espacio para expresarme.

Por acogerme tan cálidamente.

Por emocionarme.

Gracias.

Ainara

Yo lo que más agradezco no es el taller en sí, sino haber conocido a la fabulosa Anna y a las espectaculares chicas con
las que comparto mucho más que una enfermedad. Agradezco que Anna nos trate y sea como un igual, una persona
que da todo por podernos ayudar y deja que la ayudemos
cuando está mal. Una persona incapaz de hacer algo por
maldad.

Lucía

Querido curso,

Gracias.

*Por aparecer en medio de un mar de lágrimas en forma
de bote salvavidas.*

*Por aparecer en medio de un oscuro cielo en forma de
estrella fugaz.*

*Por aparecer en medio de una caída al vacío en forma
de paracaídas.*

*Por aparecer en medio de una tormenta en forma de
paraguas.*

*Por aparecer en medio de una pesadilla en forma de
abrazo.*

Gracias.

Por acercarte a mí cuando yo no quería.

Por hacerme confiar en ti.

Por insistirme en no odiarte.

Por hacerme pensar en ti.

Por hacerme pensar en mí.

Gracias.

Por hacerme descubrir la escritura.

Por sacarme de ataques de ansiedad.

Por encender dentro de mí una chispa de esperanza.

Por ayudarme a ordenar el enjambre de pensamientos que habitan mi cabeza.

Por ayudarme a conocerme.

Gracias.

Por hacerme sonreír.

Por permitirme ayudar.

Por enseñarme a comprender.

Por enseñarme a confiar.

Por obligarme a cerrar los ojos y ver que nada va a pasar.

Por presentarme a una mujer fuerte y valiente que desprende esperanza y empoderamiento.

Querido curso,

Gracias por ayudarme a sanar.

De una de tus más fieles seguidoras,

Aitana

Quizá sorprenda o resulte descabellada la idea de que un grupo de «locas» se plantee escribir un libro, ¿no? Anda que no tendrán cosas que hacer o de las que preocuparse como para perder el tiempo en semejante parafernalia y, además, a saber quién tiene interés en perder un mínimo de su tiempo en leer las absurdeces que se les pasan por la cabeza. Qué clase de persona, a la cual ni siquiera conoces, va a lograr con cuatro escritos hacer que tus ganas de vivir vuelvan. Menuda absurdez... Pero no hay mejor cosa en el mundo que sentirse «no solo», sentir que alguien te entiende.

No recuerdo respiración más profunda que el día que llamé a mis padres desde la clínica donde ingresé con once años por anorexia para decirles: «Papá, mamá, aquí hay más gente como yo, que le pasan las mismas cosas que a mí». Cuando una persona sufre lo pasa mal, y, evidentemente que es jodido, pero si encima sufre sintiéndose un bicho raro y pensando que no hay nadie en el mundo al que le pase lo mismo, que los demás son felices y normales, que nadie le va a entender, cae en un pozo muy profundo, pero un pozo que depende por dónde lo ilumines puedes llegar a descubrir que hay muchas más personas ahí metidas contigo, en silencio, buscando luz...

A veces se trata de iluminar desde el ángulo adecuado, verse las caras, abrazarse fuerte y salir. A veces puedes conocer a una persona sin haberle visto la cara siquiera, sin haber hablado con ella ni saber sus gustos, simplemente sabiendo lo que sufrió, lo que le dolió... Este punto puede lograr una de las uniones más fuertes que existen en este mundo.

Claudia

Hola, Anna, siento contestarte semanas después, no es excusa pero creo que en mi otra vida fui una tortuga.

Tu taller ha sido lo mejor de mi ingreso.

Y ahora que he vuelto a escribir, me acuerdo de ti. Solo quería saludarte y, sobre todo, decirte que hay muchas cosas de mi ingreso que fueron buenas, pero que sobre todo tu taller y tú. Molabas. Y me acuerdo de ti.

Por eso quería decirte «hola» y darte besos.

Rocío

A los dos días de cerrar el curso, recibo este correo.

Ona tuvo un accidente en bici y la tuvieron que operar del cerebro. La operación se complicó, pero finalmente se recuperó, los médicos dicen que ha sido un milagro. El otro día la

vimos, media cabeza rapada y con puntos, pero igual de ri-
sueña que siempre. De momento no puede tener muchos es-
tímulos externos y no puede estar delante de pantallas. Pero
escríbele para cuando pueda leer.

Un abrazo, Aitana.

Durante semanas, no recibo ningún correo más de las chicas
aunque escribo a varias.

Hasta que una mañana…

Hola, Anna:

Ante todo un muy fuerte abrazo y decirte que me en-
cuentro muy bien y que la recuperación está yendo muy bien
(Reyes ya me dijo que te había contado lo del accidente que
tuve con la bici). Me alegro muchísimo y te agradezco de
todo corazón que, a pesar de la complicada situación en la
que nos encontramos, estés trabajando y dedicando tiempo a
contar nuestra historia, y todo lo que vivimos en ese maravi-
lloso espacio que creamos entre todas los jueves por la tarde
(por cierto, hay que decir que se echa de menos). Sé que llevo
tiempo bastante desaparecida, me sabe mal no haber dado
señales de vida. La realidad es que estos últimos meses no
han sido fáciles. Se podría resumir en que he estado haciendo
una búsqueda desesperada por encontrarme en la que yo mis-
ma no paraba de ponerme barreras que me alejaban aún
más de mí. Cada vez estaba más lejos de mí, sin ser conscien-
te de ello, y cada vez me sentía más sola y más perdida.

El accidente en bici fue como una hostia de realidad.
Siento que este fuerte golpe me ha ayudado a verlo todo más
claro y a tener ganas e ilusión por luchar por mí. Me ha he-
cho darme cuenta de las cosas realmente importantes y ver
que no estoy sola, pero sobre todo he aprendido que la clave

*para no sentirme así de sola y perdida y estar bien es tenerme
a mí. A mí con todas las partes que me conforman, porque
todas ellas son mías y he de aceptarlas y aprender a amar.*

*Por cierto, como con todo esto los médicos me dijeron que
tenía que hacer reposo durante un mes y que mejor no estar
delante de pantallas durante un tiempo, he empezado a leer.
Nunca en mi vida había leído un libro por gusto y escogido
por mí, sino que todo lo que había leído hasta ahora eran los
que me mandaban en el cole y de los que debía examinarme
(casi que más que leer era estudiar el libro) y he de confesarte
que he hecho un gran descubrimiento. Me he enganchado a
una trilogía que me está fascinando y me he prometido mantener la lectura como un hábito. Por eso, me ha hecho mucha
ilusión saber que el libro está yendo adelante y que podremos
ir leyendo poco a poco sus partes. Me muero de ganas de empezar a disfrutar cada página.*

*Espero de corazón que estés bien y que de una manera u
otra nos veamos pronto.*

¡Un besito muy grande!

Ona

Desde entonces, el *patchwork* de todas estas historias se ha ido
tejiendo.

Ha sido laborioso, casi artesanal, ir juntando las piezas de
este singular rompecabezas.

Nos quedamos «a medias» debido a la pandemia, justo cuando empezábamos a adentrarnos en la aventura de descubrir su
verdadera realidad. Pero aun así, contra viento, marea y épocas
tan convulsas como las que nos afectan, las sombras, sutiles, han
empezado a ver la luz. Y la luz nutre al bambú para que crezca
fuerte en su flexibilidad después de años de tejer raíces aparentemente invisibles.

Lucía está acabando bachillerato y va al centro cada quince días a terapia de grupo. Está en la etapa dos, la más importante y profunda del proceso, trabajando la confianza y la autoestima, el manejo de sus emociones y, sobre todo, su autoconocimiento.

Ainara está en segundo de bachillerato y se encuentra bastante bien. Va cada semana al centro y está experimentando su libertad mental, no tener tanto control y dejarse llevar. También se está recolocando como hija y liberándose de tener que proteger a sus padres de su malestar.

Aitana ha dejado el tratamiento en el centro, pero sigue con una terapeuta. Estudia traducción y ha conocido a un chico que la llena de luz. Reconoce no estar bien todavía. Se va de Erasmus a Alemania y le da mucho miedo, pero también cierta ilusión…

Neus ha cambiado mucho. Está estudiando Enfermería y se está respetando a sí misma como nunca. Ha ido desarrollando, además, una gran claridad con las terapias. Se está buscando aunque reconoce no soportarse mucho todavía.

Clara está estudiando Bellas Artes. Va cada tres semanas al centro. Sigue viviendo con su madre, pero es algo más autónoma aunque no acaba de liberarse de su eterna nebulosa.

Alba está bastante bien. Empoderada, buscándose a sí misma, positiva. Va cada dos meses al centro. Ha dejado la carrera de Psicología.

Rocío está desaparecida desde el principio de la pandemia. No ha vuelto al centro. Al parecer, trabaja en un estanco y bebe demasiado. No come.

Sixtine sigue en tratamiento afrontando su situación más temida que son los exámenes y también crecer.

Ona, recuperada de su accidente, está en primero de Biomedicina. Sigue teniendo cierto miedo a crecer, pero está intentando ser ella misma sin juzgarse.

Patri se fue al pueblo con su novio, pero sobre todo consigo misma, para conectar con la naturaleza, estar con sus gatos y con sus perros y seguir buscando ese lugar personal que cada vez conoce mejor. Está tranquila, ha aprendido a escucharse y se conoce cada día mejor. Se ha dado cuenta de que quien siempre estará a su lado es ella misma (y sus mascotas).

Laia ha estudiado la carrera de Magisterio y está en prácticas en una guardería, aunque no logra mantener la rutina. Aún tiene mucho miedo a vivir. Sigue en régimen ambulatorio.

Carlota está estudiando primero de Veterinaria y sigue lidiando con sus batallas.

Claudia ya no va al centro. Dejó de mandar correos y noticias hasta que un día me contestó a uno, remoto, para contarme que está trabajando, que vive en un piso frente al mar, en paz, aunque sigue con algunos de sus demonios, pero muy muy de lejos…

Epílogo

Sombras sutiles de bambú empezó a gestarse hace más de tres años, entre conversaciones y cafés con Anna, con su idea de unos talleres de escritura que podrían ayudar a nuestras pacientes a sacar la mejor versión de sí mismas. Desde mi amor a Anna y a mis pacientes, y desde mi curiosidad, participé como observadora en varios de estos espacios compartidos entre ellas. Fue muy bonito ver cómo se iba creando un clima de apertura, de confianza, de conexión y de complicidad y cómo, poco a poco, se iba tejiendo la narración de este libro. Antes de acabar los talleres, estalló la pandemia con todas sus repercusiones médicas, sociales, psicológicas y emocionales para la población. Desde la psicología clínica, nos hemos ido encontrando con todas las secuelas y consecuencias derivadas de estos años de confinamiento y pandemia: unidades de trastornos alimentarios desbordadas, pacientes cada vez más jóvenes, conductas autolesivas como no habíamos visto nunca y verbalizaciones cada vez más frecuentes del deseo de no querer vivir.

Con todo ello, siento que este libro llega en un momento en el que es necesario entender los trastornos alimentarios en toda su magnitud y profundidad; necesario para la población general y también para las familias de las personas afectadas, e igualmente necesario para seguir luchando por una sociedad que inculque a nuestros hijos valores sanos, en la que prime compartir y cuidar, no competir y aparentar.

Escrito a pelo, desde el observar y sentir los trastornos alimentarios, tras varios meses viéndolas semanalmente, conociéndolas, sintiéndolas, Anna Llauradó crea *Sombras sutiles de bambú* desde el corazón, como todo lo que hace de verdad en su vida, con valentía, con ganas de mostrar esa cara del trastorno que se esconde y poco se conoce. Más allá del miedo a engordar, más allá del cuerpo y de la comida, ese miedo a ser, a sentir, esa necesidad de controlar, ese protegerse del mundo tras los síntomas, es lo que este libro nos muestra. Historias reales compartidas desde la sinceridad y la autenticidad de nuestras pacientes que luchan cada día más por recuperar la autoestima que les fue robada. Por vosotras, valientes, mujeres del futuro, gracias por seguir luchando cada día para ganar esa libertad que tanto merecéis.

REYES RASPALL
Directora de Setca, Servicio Especializado en Trastornos
de la Conducta Alimentaria.

Sobre la autora

Nacida en Barcelona, Anna Llauradó estudió en el Lycée Français y es licenciada en Ciencias de la Información por la UAB.

Como escritora ha publicado numerosos libros, entre ellos *Tu sexo es mi perfume* (El Andén), *Feliz Nuevo Día* (Planeta), *Cita a dos* (Seix Barral), *Plaers* y *El primer amor* (Columna), *La profecía* (Proa) y los cuentos infantiles "Tú también puedes" (Beascoa y ING Ediciones), "El colibrí" (Ed. Cruïlla), *La revolución de los pájaros*, *La rebelión del mar* y *El cuento de la calma* (Oniro).

Ha trabajado en distintos medios, entre los que destacan *Diario de Barcelona*, *La Vanguardia*, *El Periódico*, *Dirigido por...*, *Imágenes de Actualidad*, *Interviú* y Radio Nacional.

Ha realizado programas de entrevistas a personajes del mundo de la cultura, el espectáculo y la política, además de dirigir y presentar una serie de programas con aventureros del mundo en TVE.

Se inició como guionista con Bigas Luna en *Angustia* y, posteriormente, ha escrito guiones de películas y cortometrajes, entre ellos *¿Lo sabe el ministro?*, película dirigida por Josep Maria Forn; *Mujeres y hombres*, dirigida por Toni Verdaguer; *Quia*, dirigida por Silvia Munt, y *Fassman*, de Joaquim Oristrell, entre otros. También ha dirigido y escrito el guion del cortometraje *La educación del miedo*.

También escribe teatro (*Solos y mal acompañados* ganó el premio de la Mostra de Teatro de Barcelona), da cursos de escritura, imparte conferencias e impulsa el proyecto educativo «Tú también puedes», que enseña a los niños en las escuelas cómo pueden mejorar el mundo y sobre el cual ha filmado un documental (www.tutambienpuedes.eu).